Wladimir Majakowski

Vers und Hammer

Schriften, Gedichte

Luchterhand
Literaturverlag

Sammlung Luchterhand, Februar 1989
Luchterhand Literaturverlag GmbH, Frankfurt am Main. Lizenzausgabe mit freundlicher Genehmigung der Arche Verlag AG, Raabe + Vitali, Zürich. Umschlagentwurf: Max Bartholl. Umschlagmotiv: Wladimir Majakowski. Satz: Uhl + Massopust, Aalen. Druck und Bindung: Wagner, Nördlingen. Printed in Germany.
ISBN 3-630-61824-3

Inhalt

Wladimir Majakowski: Lebensdaten*

1893 Am 7. Juli (russische Zeitrechnung) im Dorf Bagdadi (heute Majakowski) in Georgien geboren. Der Vater ist Forstinspektor. Zwei ältere Schwestern: Ludmilla und Olga.

1893–1901 Erste Jugendzeit in Bagdadi. *Die Mutter und Cousinen aller Grade gaben mir Unterricht. Lesen lernte ich gerne. Rechnen hielt ich für überflüssig. Man sollte berechnen, wie die Birnen und Äpfel an die Jungen zu verteilen wären. Aber ich hatte doch immer genommen und ausgeteilt ohne zu rechnen. Im Kaukasus gibt es Früchte in Hülle und Fülle. Das erste Buch, das ich las, hieß ›Mamsell Agathe‹. Wenn mir lauter solche Bücher in die Hand gekommen wären, hätte ich das Lesen bald ganz aufgegeben. Zum Glück war das zweite Buch der ›Don Quixote‹. Ich machte mir selbst aus Holz einen Degen und einen Panzer und verheerte die ganze Umgebung.*

1902 Tritt in Kutais, der nächstgelegenen Provinzstadt, ins Gymnasium ein. Sehr guter Schüler. Liest mit Vorliebe Jules Verne und andere phantastische Erzählungen. *Ein vollbärtiger Herr entdeckt in mir Begabung zu einem Maler und gibt mir gratis Unterricht.*

1904 Ausbruch des russisch-japanischen Krieges, den der Knabe mit leidenschaftlicher Anteilnahme verfolgt.

1905 Der Zwölfjährige wird Sozialist und nimmt an den Sitzungen und Kundgebungen des sozialdemokratischen Komitees in Kutais teil.

1906 Im Februar stirbt der Vater an einer Blutvergiftung,

* Äußerungen Majakowskis über sich selbst sind kursiv gesetzt

die er sich bei der Büroarbeit zugezogen hat. Die fast völlig mittellose Familie übersiedelt nach Moskau, wo der Knabe ins III. Gymnasium (vierte Klasse) eintritt.

1907 *Das III. Gymnasium gab eine kleine illegale Zeitschrift heraus, ›Der Vorstoß‹. Dort schrieben andere, und ich sollte das nicht können? Das ging mir an die Ehre. Ich legte heftig los. Was herauskam, war ein unwahrscheinlich revolutionäres und zugleich fürchterliches Gedicht. Erinnere mich keiner Zeile mehr. Schrieb ein anderes, ganz lyrisch. – Ich fand aber, ein solcher Gemütszustand sei mit meiner ›Würde als Sozialist‹ nicht vereinbar. Daher gab ich es ganz auf.*

1908 Eintritt in die sozialistische Arbeiterpartei Rußlands (Bolschewiki). Soll in der Propaganda eingesetzt werden. Es kommt aber nicht dazu, da er vorher in einer Geheimdruckerei verhaftet wird. Wieder entlassen, bleibt aber unter »Aufsicht«. Wird aus dem Gymnasium ausgeschlossen.

1909–1910 Zum zweiten und dritten Mal verhaftet. Elf Monate Gefängnis werden mit eifriger Lektüre zugebracht.

1911 Tritt in das Institut zur Ausbildung bildender Künstler ein (Malklasse). Sein Mitschüler ist David Burljuk, mit dem er enge Freundschaft schließt.

1912 Zum ersten Mal wird ein Gedicht, »Blutrot und weiß«, von ihm gedruckt. Weitere Gedichte erscheinen in einem von den russischen Futuristen, deren Manifest er gemeinsam mit Burljuk und Krutschonych verfaßt, herausgegebenen Sammelband.

1913 Schreibt sein erstes Bühnenwerk, »Wladimir Majakowski« und sein erstes Filmszenarium, »Auf der Jagd nach dem Ruhm«.

1914 Zahlreiche Vorlesungen in der Provinz und viele Dichtungen und Veröffentlichungen. Bekanntschaft mit Maxim Gorki, der sehr viel von seiner Begabung hält. – Bei Kriegsausbruch meldet er sich als Freiwilliger, wird aber, weil er unter Polizeiaufsicht steht, abgewiesen.

1915 Übersiedlung nach St. Petersburg, wo er bis 1919 bleibt. – Bekanntschaft mit Lili und Ossip Brik. – Liest Gorki mehrere seiner neuen Arbeiten vor.

1916–1917 Intensive dichterische Arbeit. – Begrüßt mit Begeisterung den Ausbruch der Revolution.

1918 Schreibt mehrere Filmszenarien und die Satire »Mysterium buffo«. – Ein Sammelband seiner Dichtungen erscheint mit einer Vorrede des Volkskommissärs Lunatscharski. – Vorlesungen in Fabriken.

1919 Übersiedlung nach Moskau. – Beginn seiner Mitarbeit bei der ROSTA (Russisches Nachrichtenbüro) als Dichter und Maler (bis 1922).

1920–1921 Zahlreiche Dichtungen entstehen. – Gibt das Gedicht »150 Millionen« anonym heraus. *Will, daß jeder Zusätze und Verbesserungen anbringen kann.* Beginnt für die »Iswestija« zu schreiben.

1922 Reisen nach Lettland, Berlin und Paris. – Mehrere Majakowski-Anthologien und die Autobiographie »Ich selbst« erscheinen.

1923 Die erste Nummer der von ihm herausgegebenen radikalen Kunstzeitschrift »Lef« erscheint. – Von diesem Jahre an Tätigkeit in der offiziellen staatlichen Propagandaabteilung, er entwirft Werbeplakate und Texte.

1924 Gedicht auf den im Januar gestorbenen Lenin. – Vorträge in der Provinz. – Reisen nach Berlin und Paris.

1925 Auf der Fahrt nach Amerika trifft er in Paris Marinetti, den Begründer des Futurismus. – Reist über Mexiko und Kuba nach den USA. Hält Vorlesungen in New York, Philadelphia, Pittsburgh, Detroit und Chicago.

1926 Ausgedehnte Vortragsreisen in der russischen Provinz. – Nimmt in der kommunistischen Akademie in Moskau an der Diskussion über die Theaterpolitik teil.

1927 Reisen nach Prag, Paris, Berlin und Warschau und eine große Vortragstournee in Südrußland.

1928 Reisen nach Berlin und Paris. Die ersten beiden Bände seiner »Gesammelten Werke« erscheinen. Widmung der ganzen Ausgabe an Lili Brik. – Er distanziert sich von der Gruppe des »Lef«.

1929 Erstaufführung seiner Komödie »Die Wanze«. – Nimmt als Präsident an der Gründungsversammlung der REF (Revolutionäre Front der Künste) teil. Reisen nach Berlin, Prag, Paris und Nizza. – Liest am Radio seine Gedichte vor.

1930 Der 6. Band seiner »Gesammelten Werke« erscheint. – Nimmt an zahlreichen öffentlichen Diskussionen über Literatur teil.

16. März: Erstaufführung seiner Komödie »Das Bad« in Leningrad. Die Haltung des Publikums ist noch ablehnender als bei der »Wanze«.

12. April: Nimmt in Moskau an einer Diskussion über das Autorenrecht teil.

13. April: Bespricht mit mehreren Moskauer Schriftstellern eine gemeinsame Fahrt nach Leningrad.

14. April: Um 10 Uhr 15 tötet er sich in seinem Büro in Moskau durch einen Revolverschuß. – In der »Geschichte der Sowjetliteratur« von Gleb Struve (Mün-

chen 1958) heißt es zu diesem Ende: »Beim Selbstmord Majakowskis mag auch die Liebesaffäre eine Rolle gespielt haben, die sich zwischen ihm und einer jungen russischen Emigrantin 1928 in Paris angesponnen hatte und im Herbst 1929 auf ihre Veranlassung zum Bruche kam. Aber auch die Angriffe jener, die immer noch die aufrichtige Ergebenheit des Dichters gegenüber der Revolution bezweifelten und ihn lediglich für einen ›Mitläufer‹ hielten, mußten zu seinem tragischen Ende beigetragen haben. Wenige Tage vor seinem Tode sagte er öffentlich: ›Man beschuldigt mich so vieler Dinge und klagt mich so vieler Sünden an ..., daß ich manchmal auf ein paar Jahre irgendwohin fahren möchte, nur um das Geschimpfe nicht zu hören.‹ – Die offizielle Version schrieb den Selbstmord der Krankheit Majakowskis zu, einem Halsleiden, in Verbindung mit Überarbeitung und einem Nervenzusammenbruch. Inoffiziell wurde der unglücklichen Liebe die Schuld gegeben. Aber es kann kein Zweifel darüber bestehen, daß Majakowski, ungeachtet seiner offiziellen optimistischen Beteuerungen, damals mehr und mehr das Mißverhältnis zu seiner Umwelt fühlte.«

Bei dem Selbstmörder wurde ein Brief gefunden:

An alle!
Ich sterbe, macht niemanden dafür verantwortlich! Und kein Getue! Der Verstorbene verabscheute das.
Mama, Schwestern, Genossen, verzeiht mir! Es ist nicht die rechte Art (ich empfehle sie niemandem), aber ich sehe für mich keinen anderen Ausweg. Lili, liebe mich.
Genosse Regierung! Meine Familie – das ist Lili Brik,

Mama, meine Schwestern und Veronika Witoldowna Polonskaja. Wenn du ihr Leben erträglich machst, danke!

Wie man so sagt:
›Der Fall ist erledigt!‹
Der Kahn der Liebe
ist in dem Lebensstrom zerschellt.
Ich bin mit dem Leben quitt.
Es ist nicht nötig,
sich Not und Qual
und das gegeneinander begangene Unrecht
vorzuhalten.
Den Hinterbliebenen Glück!

Wladimir Majakowski.

Die Familie des Forstmeisters Wladimir Konstantinowitsch Majakowski, 1905

Steckbrief der Moskauer Geheimpolizei und Fingerabdrücke Majakowskis nach seiner ersten Verhaftung, 1908

1909

1909

Als Futurist, 1914

Mit Lili Brik, 1915

1924

Majakowski spricht zu Moskauer Schülern in Sokolniki, 1925

Majakowski liest im Rundfunk aus dem »Schwitzbad«, 1929

Eine der letzten Aufnahmen von Majakowski, 1930

Wladimir Majakowski.
Tragödie in zwei Akten von Majakowski mit einem Prolog und einem Epilog

Übertragen von
Willi Reich

PERSONEN

Wladimir Majakowski (ein Dichter, 20 bis 25 Jahre alt)
Seine Freundin (sie ist sechs Meter groß und spricht kein Wort)
Ein Greis mit mageren schwarzen Katzen (einige tausend Jahre alt)
Ein Mann, dem ein Auge und ein Bein fehlt
Ein Mann, dem ein Ohr fehlt
Ein Mann ohne Kopf
Ein Mann mit einem langen Gesicht
Ein Mann mit zwei Küssen
Ein gewöhnlicher junger Mann
Eine Frau mit einer kleinen Träne
Eine Frau mit einer Träne
Eine Frau mit einer großen Träne
Zeitungsverkäufer, Burschen und Mädchen und andere Leute

Prolog

W. MAJAKOWSKI
Könnt ihr wohl verstehen
warum ich
so ruhig
in diesem Gewitter von Spöttereien
meine Seele auf einer Schüssel
den kommenden Jahren zur Speise darbringe?
Von der schlechtrasierten Wange der Marktplätze
rollt eine überflüssige Träne.
Ich bin
vielleicht
der letzte Dichter.
Habt ihr das bemerkt?
In den steinernen Alleen
schwebt
das von unterdrücktem Verdruß strahlende Antlitz,
und auf den fettigen Nacken
der strömenden Flüsse
spannen die Brücken eiserne Arme.
Der Himmel weint
hemmungslos
klingende Tränen.
Und eine kleine Wolke
zieht den Mund bitter zusammen,
wie eine Frau, die einen Sohn erwartete,
und die Gott mit einem blinden Idioten niederkommen ließ.
Die fleischigen Finger in den roten Haaren vergraben,
hat euch die Sonne, hartnäckig wie ein Insekt, gekost,

so daß alles Sklavische in euren Seelen
unter ihren Küssen gestorben ist.
Ich kenne keine Furcht,
In meinen Augenlidern trage ich den Haß gegen das
Tageslicht,
meine Seele ist gespannt wie Kabeldrähte,
ich bin
der Fürst der Glühlampen.
Kommt alle zu mir,
die ihr das Schweigen gebrochen habt
und heult,
denn die Knoten der Mittagsstunde sind zu fest geknüpft!
Ich werde euch aufschließen
mit Worten,
einfach wie ein Brüllen.
Unsere neuen Seelen
summen
wie Bogenlampen.
Ich werde eure Köpfe nur ganz leicht mit meinen Fingern
berühren,
und die Lippen werden euch aufgehen
für unendliche Küsse
und für eine Sprache
allen Völkern gemeinsam.
Und ich werde mit lahmer Seele
zu meinem Thron hinken,
dessen verschlissener Sitz Löcher in Sternenform hat.
Ich werde mich ausstrecken,
glorreich,
in Faulheit eingehüllt,
auf ein weiches Lager echten Düngers,
und das Rad einer Lokomotive,

das zart die Knie der Bahnschwellen liebkost,
wird meinen Hals umfangen.

Erster Akt

Großstadt. Die Bühne stellt einen Platz dar, in den Straßen sternförmig münden. Es geht lustig zu. Es ist das Fest der Bettler. W. Majakowski allein. Die Vorübergehenden reichen ihm Speisen: einen Hering aus einem eisernen Wappenschild, eine riesige vergoldete Semmel, Maschen aus gelbem Samt.

W. MAJAKOWSKI
Werte Herren!
Flickt meine Seele wieder zusammen,
damit die Leere nicht heraussickern kann!
Wenn man mich anspuckt,
so weiß ich nicht,
ob das eine Beleidigung ist oder nicht.
Ich bin hart wie ein Standbild aus Stein.
Sie haben mich ganz ausgeschröpft.
Werte Herren!
Wollen Sie,
daß ein großartiger Dichter jetzt vor Ihnen tanzt?
Der Greis mit vier mageren schwarzen Katzen tritt auf. Er bleibt stehen und liebkost sie. Er ist ganz in seinen Bart gehüllt.
W. MAJAKOWSKI SETZT FORT
Sucht die fetten Menschen in ihrem Gehäuse auf
und spielt auf ihren Bäuchen lustig die Pauke!
Packt die Tauben und Blödsinnigen an den Beinen

und blast in ihre Ohren wie in die Löcher einer Flöte!
Schlagt den Fässern der Bosheit den Boden aus!
Ich, ich fresse die heißen Pflastersteine der Gedanken,
Und während ihr mir heute tobend zutrinkt,
setzte ich meiner Narrheit die Krone auf.

Inzwischen hat sich die Bühne nach und nach gefüllt. Der Mann, dem ein Ohr fehlt, der Mann ohne Kopf und andere sind gekommen. – Sie bleiben im Durcheinander stehen und essen weiter …

W. MAJAKOWSKI SETZT FORT

Ich Diamantenschleifer, Wortedrechsler, Habenichts,
wenn ich erst die weichen Kissen in diesen Häusern
da zerfetzt habe,
dann werde ich heute mit reichen und buntscheckigen
Bettlern
ein großes Fest feiern!

DER GREIS MIT DEN KATZEN

Laß sie!
Was bedeutet den Weisen der kindische Lärm?
Ich, ein tausendjähriger Greis,
ich sehe in dir auf das Kreuz des Gelächters
einen Schrei der Qual genagelt.
Eine gewaltige Plage verbreitet sich über die Stadt,
und hunderte ganz kleine Plagen.
Die Kerzen und Lampen haben in heftigem Kampf
die flüsternde Morgenröte überwältigt,
und das zarte Mondlicht hat keine Macht mehr über uns,
der Glanz der Laternen ist schöner und kraftvoller.
In den Städten machen sich die seelenlosen Dinge zu
unseren Herren
und wollen uns vertilgen.
Und vom Himmel herab lauscht Gott betört

dem Heulen der Menschenhorde;
die Hände in seinem Bart,
zernagt vom Staub der Straße.
Er ist Gott,
aber er spricht von furchtbarer Rache,
und unseren kleinen Seelen entringt sich ein schwacher Seufzer.

Laßt ihn!
Kommt und liebkost,
liebkost die mageren schwarzen Katzen!
Erhebet stolz die gewaltigen Bäuche,
blast eure schimmernden Backen auf!
Nur die Katzen
sprühen mit ihrem rabenschwarzen Fell
elektrische Funken.
Und alle diese Blitze
und es sind viele
werden sich in den elektrischen Drähten sammeln,
in den Zugmuskeln.
Die Tramwagen werden anrücken,
und die Lichter der Laternen werden aufflammen,
als Siegeszeichen.
Die Welt wird in Bewegung geraten,
unter der Maske der Fröhlichkeit,
in allen Schaufenstern werden sich die Blumen spreizen,
auf den Geleisen werden Menschen transportiert,
und hinter ihnen Katzen, und wieder Katzen, schwarze Katzen!
Die Sonne heften wir an die Kleider unserer Geliebten,
aus den Sternen machen wir silberne Busennadeln.
Heraus aus den Häusern!
Kommt und liebkost,

liebkost die mageren schwarzen Katzen!

DER MANN, DEM EIN OHR FEHLT

Das stimmt!
Da oben – bei den Wetterfahnen –
treibt sich eine Frau herum
mit kohlschwarzen Wimpern.
Sie spuckt auf den Gehsteig,
und die Spucke richtet gewaltigen Schaden an.
Ein Verbrechen, das irgendeiner begangen hat,
wird an der ganzen Stadt gerächt.
Die Leute sammeln sich
und fliehen herdenweise.
Und da unten,
zwischen den Tapeten,
im Weindunst,
sitzt ein alter Mann,
das Gesicht voll Falten,
und weint sich am Klavier aus.
Alles sammelt sich um den Redner.
Über die Stadt breitet sich eine Leidensgeschichte.
Man klammert sich an einen Ton,
die Finger bluten!
Und es gelingt dem Musiker nicht,
die Hände den weißen Zähnen der wütenden Tasten
zu entreißen.
Allgemeine Aufregung.
Und nun
heute
am späten Vormittag
ging ich, mit kleinen Sprüngen,
die Arme ausgebreitet,
tänzerisch,

meine Seele war von der Matchiche ganz durchdrungen,
und auf allen Dächern tanzten die Rauchfänge,
jeder zeichnete mit den Knien eine Vierundvierzig!
Meine Herren!
Haltet ein!
Wie ist das möglich?
In allen Winkeln krempelt man die Ärmel auf zum Raufen.
Und meine Traurigkeit wächst an,
unbegreiflich und beunruhigend,
wie eine Träne auf der Schnauze eines weinenden Hundes.
Die allgemeine Aufregung nimmt noch zu.

DER GREIS MIT DEN KATZEN

Seht ihr!
Man müßte die Dinge in Stücke schlagen!
Nicht umsonst habe ich in ihren Schmeicheleien etwas Feindliches vermutet!

DER MANN MIT DEM LANGEN GESICHT

Oder vielleicht muß man die Dinge lieben?
Vielleicht haben die Dinge andere Seelen?

DER MANN, DEM EIN OHR FEHLT

Viele Dinge sind verkehrt zusammengenäht.
Das Herz ist nicht gekränkt,
es ist taub für den Haß.

DER MANN MIT DEM LANGEN GESICHT *stimmt freudig zu*

Und dort, wo die Menschen den Mund haben,
hat man vielen Dingen ein Ohr angenäht.

W. MAJAKOWSKI *erhebt die Hand und stellt sich in die Mitte*

Beflecket nicht mit Haß die Spitzen eurer Herzen!
Jetzt,
meine Kinder,
werde ich euch etwas beibringen, streng und unerbittlich.
Ihr Menschen, ihr seid alle

nur Glöckchen
an der Mütze Gottes.
Ich,
ich habe euer Land,
und andere Länder noch,
schon seit fünfundzwanzig Jahren
an der Verbesserung einer Floh-Falle.
Ich habe eine Frau,
die wird bald mit einem Sohn oder einer Tochter
niederkommen.
Und ihr, ihr sagt so schreckliche Dinge!
Gebildete Menschen!
Das ist wirklich schade!

DER MANN, DEM EIN OHR FEHLT

Junger Mann,
steigen Sie auf die kleine Kiste!

EINER AUS DER MENGE RUFT

Besser noch auf das Faß!
Rufe von allen Seiten.

DER MANN, DEM EIN OHR FEHLT

Man sieht Sie nämlich gar nicht!

DER GEWÖHNLICHE JUNGE MANN

Da gibt es nichts zu lachen!
Ich habe einen Bruder,
er ist noch klein,
Ihr werdet noch an seinen Knochen knabbern.
Ihr wollt alles verschlingen!
Unruhe. Man hört das Heulen einer Sirene.

RUFE HINTER DER SZENE

Die Hosen, die Hosen!

W. MAJAKOWSKI

Kümmert euch nicht darum!

wendet sich an den gewöhnlichen jungen Mann
Wenn Sie ebenso großen Hunger hätten wie ich,
dann würden Sie
in Ost und West
die Ferne annagen,
so wie die verrauchten Mäuler der Fabriken
an den Knochen des Himmels nagen.

DER GEWÖHNLICHE JUNGE MANN
Was jetzt?
Vielleicht die Liebe?
Ich habe eine Schwester, Sonitschka.
Er kniet nieder
Liebe Freunde!
Vergießt kein Blut!
Liebe Freunde!
Man darf den Scheiterhaufen nicht anzünden!
Die Unruhe nimmt zu. Man hört Flintenschüsse. Die Dachrinne erklingt in einem einzigen langgedehnten musikalischen Ton. Das Metall auf den Dächern beginnt zu summen.

DER MANN MIT DEM LANGEN GESICHT
Wenn ihr geliebt hättet wie ich,
dann hättet ihr mit der Liebe Schluß gemacht
oder ihr hättet einen Galgen gefunden,
auf dem ihr den dunklen, feuchten Himmel geschändet hättet,
und die unschuldigen milchweißen Sterne.

DER MANN, DEM EIN OHR FEHLT
Eure Weiber verstehen nichts von der Liebe:
beim Küssen blähen sie sich auf wie die Schwämme.
Auf dem großen Platz hört man die Schritte von Tausenden klappern.

DER MANN MIT DEM LANGEN GESICHT

Und meine Seele auch.
Man kann aus ihr
sehr elegante Damenröcke machen!

Die Unruhe erreicht ihren Höhepunkt. Alle versammeln sich um das Riesenweib. Man nimmt es auf die Schultern und schleppt es weg.

ALLE

Auf! Auf, dorthin, wo man – wegen seiner Heiligkeit – einen Propheten gekreuzigt hat!
Wir werden dort einen Nackttanz vollführen,
und auf dem schwarzen Granit des Lasters und der Sünde
dem roten Fleisch ein Denkmal errichten.

Man schleppt die Frau bis zum Ausgang. Von dort hört man eilige Schritte. Der Mann, dem ein Auge und ein Bein fehlt, kommt. Er ist fröhlich. Der wirre Trubel hört jäh auf. Man läßt die Frau zur Erde gleiten.

DER MANN, DEM EIN AUGE UND EIN BEIN FEHLT

Halt!
In den Straßen,
in der die Gesichter,
wie die Pakete,
ganz gleich aussehen,
hat die alte Frau »Zeit« soeben aus ihrem schiefen Maul
einen gewaltigen Aufstand herausgelassen.
Es ist zum Lachen!
Vor den Schnauzen der plötzlich hervorgekrochenen Jahre
sind die Ureinwohner der Erde verstummt;
Aber der Haß
hat im Antlitz der Städte
die Flüsse anschwellen lassen,
die hunderte Meilen langen Adern.

Langsam sträubten sich
vor Schrecken
die Haarnadeln auf dem kahlen Schädel der Zeit.
Und mit einem Male
stürzte sich alles
mit gräßlichem Geschrei
auf die verschlissenen Fetzen der Namen
und riß sie herab.
Wie auf einen Wink Satans
zerbrachen die Schaufenster der Weinhändler,
und die Splitter erfüllten die Flaschen.
Im Schneiderladen
stiegen die Hosen von den Bügeln
und gingen spazieren
– ganz allein –!
ohne menschliches Gebein.
Betrunken,
den schwarzen Rachen weit geöffnet,
fiel die Kommode im Schlafzimmer um.
Korsetts verließen
das Ladenschild »Robes et Modes«.
Die einzelnen Galoschen erschienen ernst und ungesellig.
Strümpfe zwinkerten und zierten sich, wie Kokotten.
Ich eilte fort, wie von einem Fluch gejagt.
Mein anderes Bein
läuft noch in einer Nebengasse.
Und ihr?
Ihr lacht, weil ich hinke?
Ihr alten,
fetten,
bösen
Philister!

Heute
findet ihr in der ganzen Welt
keinen einzigen Menschen,
der zwei gleiche Beine hat.
Vorhang

Zweiter Akt

Ein Platz in einer neuen Stadt. – Hinter der Türe hört man das Getrappel vieler Füße. – Es herrscht eine düstere Stimmung. W. Majakowski trägt eine Toga und hat auf dem Kopf einen Lorbeerkranz.

DER MANN, DEM EIN AUGE UND EIN BEIN FEHLT *diensteifrig*
Dichter!
Dichter!
Man hat Sie soeben zum Fürsten ausgerufen.
Ihre ergebenen Untertanen
warten in Massen hinter der Tür
und saugen inzwischen an den Fingern.
Vor jeden hat man einen herzigen Spucknapf gestellt.

W. MAJAKOWSKI
Nun,
man lasse sie eintreten!
Einige Frauen treten schüchtern ein. Sie haben kleine verschnürte Pakete und verbeugen sich immer wieder.

DIE ERSTE FRAU
Hier ist meine kleine Träne!
Nehmen Sie sie!
Ich brauche sie nicht.

Nehmen Sie sie!
Da ist sie,
ganz weiß,
in dem Seidengeflecht
der traurigen Augen!

W. MAJAKOWSKI *beunruhigt*
Ich brauche sie nicht.
Was soll ich mit ihr?
zur zweiten Frau
Ihre Augen sind auch ganz geschwollen.

DIE ZWEITE FRAU *unbekümmert*
Kleinigkeiten!
Mein Sohn ist gestorben.
Das macht mir nichts.
Da ist noch eine Träne!
Das gibt eine hübsche Schnalle
für Ihren Schuh.
W. Majakowski erschrickt.

DIE DRITTE FRAU
Erschrecken Sie nicht,
weil ich so schmutzig bin!
Ich werde mich waschen,
dann bin ich sauberer.
Und hier meine Träne!
Sie ist noch zu haben.
Es ist eine ganz große Träne.

W. MAJAKOWSKI
Genug!
Es ist ja schon ein Berg.
Und ich muß auch gehen!
Wer ist dieser reizende Mensch mit den kastanienbraunen Haaren?

ZEITUNGSVERKÄUFER *treten ein*

Le Figaro!
Le Figaro!
Le Matin!
Der Mann mit den zwei Küssen kommt. Alle blicken auf ihn.

ALLE

Seht nur!
Seht nur!
Dieser tolle Bursche!
Platz da!
Man sieht nichts!
Lassen Sie mich durch!
Junger Mann,
hören Sie auf zu schluchzen!

DER MANN OHNE KOPF

I-i-i-i...
E-e-e-e...

DER MANN MIT ZWEI KÜSSEN

Die Wolken am Himmel
sehen alt und häßlich aus.
Die Sonne ist untergegangen.
Auch die Mädchen am Himmel sind für Gold empfänglich,
sie wollen nichts als Gold.

W. MAJAKOWSKI

Was?

DER MANN MIT ZWEI KÜSSEN

Gold, nichts als Gold.

EINIGE STIMMEN

Ruhe! Ruhe!

DER MANN MIT ZWEI KÜSSEN *jongliert mit ein paar durchlöcherten Bällen*

Einem großen, schmutzigen Mann
hat man zwei Küsse gegeben.
Der Mann war ungeschickt:
er wußte nicht,
was er mit ihnen anfangen
oder wohin er sie legen sollte.
In der Stadt
war ein großes Fest,
in den Kirchen sang man Halleluja.
Die Leute führten ihre besten Kleider spazieren.
Aber der Mann hatte zu Hause sehr kalt.

DER GREIS *tritt auf, mit einer Katze, der alle Haare ausgerupft sind*

Nur du allein kannst so schön singen!
Zeigt auf den Haufen Tränen.
Bring das da deinem guten Gott!

W. MAJAKOWSKI

Ich möchte mich setzen!
Man läßt ihn nicht setzen. – W. Majakowski bleibt taumelnd stehen und sammelt die Tränen in einem Koffer. Dann richtet er sich auf, nimmt den Koffer in die Hand und sagt
Nun gut!
Macht Platz!
Ich glaube,
ich werde mich ganz glücklich fühlen.
Mit leuchtenden Augen
werde ich mich auf den Thron setzen,
wie ein zartgebauter Grieche.
Nein!
Niemals,
meine lieben Straßen,

werde ich eure mageren Beine vergessen,
und auch nicht die grauen Haare der Flüsse des Nordens!
Heute
durchquere ich die Stadt
und lasse meine Seele,
Stück für Stück,
auf den Blitzableitern.
Und mir zur Seite wird der Mond marschieren,
und dort, wo das Firmament aufhört,
wird er eine Sekunde zu mir kommen
und meinen Melonenhut anprobieren.
Ich mit meiner Last,
Ich gehe weiter;
stolpernd
schleppe ich mich
immer weiter nach Norden,
dorthin, wo in der Qual der unendlichen Traurigkeit
der wilde Ozeans
sich ewig die Brust zerfleischt
mit den Fingern der Wogen.
Erschöpft angelangt,
schleudere ich im letzten Fieberrausch
eure Träne
auf den finsteren Gott der Stürme,
an der Quelle alles sinnlichen Denkens.
Vorhang

Epilog

W. MAJAKOWSKI

Das alles habe ich geschrieben
euretwegen,
arme Ratten!
Leider habe ich keine Brüste;
sonst hätte ich euch genährt wie eine gute Amme.
Jetzt bin ich etwas ausgetrocknet,
wie ein armer, harmloser Narr.
Aber dennoch wurden niemals
Gedanken
mit solcher übermenschlicher Freiheit ausgesprochen.
Das bin ich!
Ich habe einen Finger in den Himmel gesteckt
und bewiesen: Gott ist ein Gauner!
Manchmal glaube ich,
ich bin ein holländischer Hahn
oder
der König von Pskow.
Und manchmal
ziehe ich all dem
meinen eigenen Namen vor:
WLADIMIR MAJAKOWSKI.

1913

Wie macht man Verse?

Übertragen von
Siegfried Behrsing

Wie macht man Verse?

1

Über dieses Thema muß ich schreiben.

In zahlreichen literarischen Diskussionen, im Gespräch mit jungen Mitarbeitern verschiedener Schriftstellerverbände (RAP, TAP, PAP und wie sie alle heißen mögen), bei der Auseinandersetzung mit Kritikern war ich oft gezwungen, die alte Lehre von der Dichtkunst, wenn nicht umzustoßen, so doch mindestens zu diskreditieren. Der völlig unschuldigen alten Dichtkunst selbst haben wir natürlich kaum ein Haar gekrümmt. (Sie bekam nur etwas ab, wenn allzu eifrige Verteidiger des alten Krempels vor der neuen Kunst hinter den breiten Rücken der Denkmäler Deckung suchten.)

Umgekehrt: indem wir die Denkmäler von ihren Piedestalen herunterholten und sie geräuschvoll hin und her zerrten, haben wir den Lesern erst die »Großen« von einer völlig unbekannten, noch unerforschten Seite gezeigt.

Kinder (junge literarische Richtungen ebenfalls) interessieren sich immer dafür, wie das Schaukelpferd von innen aussieht. Nach den Bemühungen der »Formalisten«[1] liegen die Eingeweide der papiernen Rösser und Elefanten offen zutage. Sollten die Pferde dabei einigen Schaden davongetragen haben – Entschuldigung! Mit der Poesie der Vergangenheit herumzustreiten, ist nicht unseres Amtes – sie ist für uns Lehrstoff.

Unser ständiger Haß trifft vor allem die romanzenselig-nörgelnde Spießbürgerlichkeit. Alle, die alte Dichtkunst nur darum für groß halten, weil auch sie genau so geliebt haben wie Onégin seine Tatjána (welcher Gleichklang der Seelen!), weil auch ihnen Dichter verständlich sind (im

Gymnasium gelernt!), weil Jamben auch ihren Ohren lieblich klingen.

Uns ist dieses seichte Affentheater deshalb verhaßt, weil es um die schwierige und wichtige Kunst der Dichtung die Atmosphäre erotischer Emotionen schafft, die Atmosphäre des Glaubens daran, daß nur an der »ewigen Poesie« jegliche Dialektik abprallt und der Prozeß der dichterischen Produktion einzig und allein darin besteht: den Blick verzückt nach oben zu richten in der Erwartung, der himmlische Geist der Poesie werde einem in Tauben-, Pfauen- oder Straußengestalt auf die Glatze herabschweben.

Diese Herrschaften sind unschwer zu widerlegen.

Es genügt, die Liebe der Tatjána und »die Triebe, die einst Ovid so reich besang« neben einen Entwurf des Ehegesetzes zu stellen, das Púschkinsche »enttäuschte Lorgnon« Donéz-Kumpels vorzutragen, oder vor Demonstranten am 1. Mai herzulaufen und zu deklamieren: »Mein Onkel tut sehr brav und bieder!«[2]

Nach Versuchen dieser Art dürfte wohl kaum ein junger Mensch, der vor Eifer brennt, alle Kraft für die Revolution einzusetzen, ernstlich Lust verspüren, sich mit einem so veralteten Handwerk wie dem Dichten zu befassen.

Darüber ist viel geschrieben und geredet worden. Der lärmende Beifall des Publikums war immer zunächst auf unserer Seite. Aber auf den Beifall folgten skeptische Stimmen:

»Ihr zerstört nur und schafft nichts! Die alten Lehrbücher sind schlecht, wo aber sind neue? Gebt uns die Regeln für eure Dichtkunst! Gebt uns Lehrbücher!«

Der Hinweis darauf, daß die alte Dichtkunst anderthalb

Jahrtausende existiert, unsere aber nur an die dreißig Jahre, ist als Entschuldigung wenig wirksam.
Sie wollen schreiben und wollen wissen, wie man das macht? Warum man sich weigert, eine Sache als Dichtung anzuerkennen, die nach allen Regeln des Schengélischen Lehrbuchs[3] mit untadeligen Reimen, in Jamben und Trochäen abgefaßt ist?
Sie haben das Recht, von den Dichtern zu verlangen, daß sie ihre Berufsgeheimnisse nicht mit ins Grab nehmen.

Ich will von meinem Handwerk nicht als Haarspalter schreiben, sondern als Praktiker. Mein Aufsatz hat gar keine wissenschaftliche Bedeutung. Ich schreibe von meiner Arbeit, die, meinen Beobachtungen und meiner Überzeugung nach, sich im Grunde kaum von der Arbeit anderer Berufsdichter unterscheidet.
Noch einmal mache ich sehr entschieden den Vorbehalt: Ich gebe keinerlei Regeln, wie man Dichter werden, wie man Verse schreiben soll. Solche Regeln gibt es überhaupt nicht. Dichter heißt gerade einer, der diese Regeln für die Dichtkunst schafft. Zum hundertsten Male führe ich mein bis zum Überdruß bekanntes Beispiel an.
Ein Mathematiker ist ein Mensch, der mathematische Regeln schafft, ergänzt, entwickelt, der einen neuen Beitrag zur mathematischen Wissenschaft liefert. Der Mann, der als erster die Formel »2 + 2 = 4« fand, ist ein großer Mathematiker, selbst dann, wenn er diese Wahrheit aus der Addition von je zwei Zigarettenstummeln gewonnen hat. Alle Nachfolgenden, mögen sie auch unendlich größere Dinge addiert haben, zum Beispiel eine Lokomotive und noch eine Lokomotive – alle diese Leute sind keine Mathematiker. Diese Feststellung setzt keineswegs die Ar-

beit desjenigen herab, der die Lokomotiven zusammenzählt. Seine Arbeit kann in Tagen einer Transportkrise hundertmal wertvoller sein als ein nackter arithmetischer Lehrsatz. Abrechnungen über instandgesetzte Lokomotiven gehen aber nicht an die Mathematische Gesellschaft, und man verlangt auch nicht, daß sie dort genau so wie die Geometrie Lobatschéwskis[4] behandelt werden. Das würde die Plankommission in Raserei versetzen, die Mathematiker in Verlegenheit bringen, die Prüfer ratlos machen.

Man wird mir entgegnen, ich renne offene Türen ein. Das sei doch alles selbstverständlich.

Weit gefehlt.

Achtzig Prozent des gereimten Unsinns werden von unseren Redaktionen nur darum gedruckt, weil die Redakteure entweder keine Vorstellung von der Dichtkunst der Vergangenheit haben oder nicht wissen, wozu Gedichte gut sind.

Die Redakteure kennen nur ein »Mir gefällt's« oder »Mir gefällt's nicht« und vergessen dabei, daß man den Geschmack bilden kann und muß. Fast alle Redakteure haben sich mir gegenüber beklagt, sie verständen es nicht, Gedichtmanuskripte zurückzuschicken: sie fänden keine passenden Worte bei solchen Gelegenheiten.

Ein tüchtiger Redakteur müßte dem Dichter erklären: »Ihre Verse sind äußerst korrekt. Sie sind nach der dritten Auflage des Handbuches zur Versfabrikation von M. Brodówski (beziehungsweise Schengéli, Gretsch und so weiter) hergestellt. Alle Ihre Reime sind erprobt und längst durch das vollständige russische Reimlexikon von N. Abrámow bekannt. Da ich im Augenblick keine guten

neuen Gedichte habe, nehme ich gern die Ihrigen. Ich bezahle sie wie die Arbeit eines guten Kopisten: drei Rubel pro Seite, unter der Bedingung, daß drei Kopien eingereicht werden.«
Er wird danach entweder das Schreiben aufgeben oder sich ans Dichten wie an einen Beruf machen, der viel Arbeit verlangt. Jedenfalls wird er aufhören, sich besser zu dünken als ein Lokalreporter, der für seine drei Rubel pro Notiz wenigstens mit neuen Ereignissen aufwarten kann. Der Lokalreporter rennt immerhin seine Schuhsohlen auf der Suche nach Skandalaffären und Bränden ab, während ein Poet der genannten Art höchstens seine Spucke zum Umblättern der Seiten verausgabt.

Zur Hebung der dichterischen Berufsausbildung, im Interesse eines zukünftigen Aufblühens der Dichtkunst, muß man mit der Auffassung brechen, als nehme sie, diese »kinderleichte Angelegenheit«, eine Sonderstellung außerhalb der übrigen Formen menschlicher Betätigung ein.
Vorbehalt: Schaffung von Regeln ist nicht an sich Ziel der Poesie. Sonst würde der Dichter zu einem Scholastiker, der sich mit der Zusammenstellung von Regeln für nicht existente oder unnötige Dinge und Situationen abgibt. So hätten zum Beispiel wenig Sinn: Regeln für das Zählen von Sternen beim schnellen Radfahren.
Die Situationen, die nach Formeln, nach Regeln verlangen, liefert das Leben. Die Methoden der Formulierung, der Zweck der Regeln werden von dem Rang und von den Forderungen unseres Kampfes bestimmt.
So hat zum Beispiel die Revolution die rauhe Sprache der Millionen auf die Straße geschleudert. Der Jargon der

Vorstädte ergoß sich über die Boulevards der Innenstadt. Das degenerierte Intellektuellengelispel mit seinem saft- und kraftlosen Vokabular: »Ideal«, »die Grundlagen der Gerechtigkeit«, »das göttliche Prinzip«, »die transzendentale Erscheinungsform Christi und seines Widersachers« – alle diese in den Cafés gedämpft hervorgebrachten Redensarten sind hinweggefegt.

Das ist die elementare Gewalt der neuen Sprache.

Wie kann man diese Sprache für die Dichtung nutzbar machen? Die alten Regeln mit »Herz« und »Schmerz« und ihren Alexandrinern versagen.

Wie kann man die Umgangssprache in die Dichtung hinein-, und wie kann man die Dichtung aus jenem Geschwätz herausbringen?

Darf man um der Jamben willen auf die Revolution pfeifen?

> Wie wir doch voller Zorn und Schwäche sind,
> umhergehetzt.
> Das AKE[5] mit schwarzen Fingern spinnt
> der Bahnen Netz. *S. Hippius*

Nein!

Es ist hoffnungslos, in einen auf Flüsterton gestimmten vierfüßigen Amphibrachys (◡ – ◡) den atemberaubenden Donner der Revolution hineinzuzwängen:

> Ihr Helden, gleich Seglern des Meers, Albatrossen,
> Gefährten des Sturms, der die See überdröhnt,
> Matrosen, Matrosen, des Adlers Genossen,
> rubinenrot flammend der Sang euch ertönt. *Kirillow*

Nein!

Man gewähre mit einem Schlag der neuen Sprache das

volle Bürgerrecht: dem Aufschrei an Stelle der Melodie, dem Paukengedröhn an Stelle des Wiegenliedes:

Schritt halten, Revolutionäre! *Block*
Marschkolonne, ausgeschwärmt.[6] *Majakowski*

Es genügt nicht, Beispiele für die neue Dichtung, Regeln für die Wirkung des Wortes auf die revolutionären Massen zu geben. Bei der Berechnung dieser Wirkung muß vom Grundsatz der maximalen Unterstützung unserer Klasse ausgegangen werden.

Es genügt nicht zu sagen: »Der ewig-rege Feind ist wachsam« (Block). Man muß die Gestalt dieses Feindes genau umreißen oder wenigstens die Möglichkeit bieten, ihn sich eindeutig vorzustellen.

Es genügt nicht, aus der Marschkolonne heraus auszuschwärmen. Man muß es nach allen Regeln des Straßenkampfes tun, damit Telegrafenämter, Banken und Arsenale den revolutionären Arbeitern in die Hände fallen.

Daher:

Ananas, Rebhuhn – täglicher Schmaus,
Warte nur, Spießer, bald ist's mit dir aus! *Majakowski*

Solch einen Vers hätte die klassische Poesie wohl kaum gelten lassen. Gretsch[7] kannte im Jahre 1820 keine Gassenhauer, aber selbst, wenn das der Fall gewesen wäre, hätte er von ihnen – ebenso wie von der Volksdichtung – sicher voller Verachtung geschrieben: »Selbige Verse lassen sowohl Reinheit des Metrums als auch Ebenmaß vermissen.«

Aber in Petersburg hat die Straße diesen Vers adoptiert. Mögen die Kritiker in ihren Mußestunden auseinanderposamentieren, auf Grund welcher Regeln all das gemacht worden ist.

Bei einem dichterischen Produkt ist Neuheit Vorbedingung. Das Material an Worten und Wortzusammenstellungen, das sich dem Dichter bietet, muß umgearbeitet werden. Wenn zur Versfabrikation Wortschrott verwendet wird, muß er sich in genauer Übereinstimmung mit der Menge des neuen Rohstoffes befinden. Von der Quantität und Qualität dieses Neuen wird es abhängen, ob eine solche Legierung Gebrauchswert besitzt.
Neuheit setzt selbstverständlich nicht das dauernde Aussprechen welterschütternder Entdeckungen voraus. Jambus, freier Vers, Alliteration, Assonanz werden nicht jeden Tag neu geschaffen. Auch ihre Fortentwicklung, Vertiefung, Verbreitung bietet Arbeitsmöglichkeiten.
»Zweimal zwei ist vier« ist an und für sich leblos und auch nicht lebensfähig. Man muß diesen Lehrsatz anzuwenden wissen (Regeln). Man muß seine Unerschütterlichkeit an einer Reihe von Tatsachen aufzeigen (Beispiel, Inhalt, Thema).
Daraus erhellt, daß Beschreibung, Abbildung der Wirklichkeit in der Poesie keinen Anspruch auf Selbständigkeit haben. Eine derartige Arbeit ist notwendig, aber sie muß wie die Arbeit des Schriftführers auf einem Kongreß gewertet werden. Sie ist ein einfaches »verhandelt – beschlossen«. Darin liegt die Tragik der Handlangerarbeit: Die Verhandlung kommt fünf Jahre hinterher, und der Beschluß ebenfalls mit einiger Verspätung – nachdem die anderen ihn inzwischen ausgeführt haben!

Poesie beginnt dort, wo Tendenz ist.

Die Verse »Geh ich allein auf die Straße hinaus ...«[8] sind meiner Meinung nach eine Werbung für das Spazierengehen junger Mädchen mit Dichtern. Einer allein, sehn Sie mal, das ist ja soo langweilig! Ach, wenn man doch Versen, die zum Eintritt in die Konsumgenossenschaften auffordern, eine solche Überzeugungskraft verleihen könnte.

Die alten Anleitungen zum Dichten machen ihrem Namen zweifellos keine Ehre. Sie sind nur eine Darlegung historischer, Gewohnheit gewordener Methoden des Schreibens. Es wäre richtiger, diese Bücher nicht »Wie man schreiben soll«, sondern »Wie man geschrieben hat« zu nennen.
Ehrlich gesagt: Ich kenne weder Jamben noch Trochäen. Ich habe sie nie auseinanderhalten können und werde sie auch nie auseinanderhalten. Nicht etwa, weil das so schwierig wäre, sondern weil ich bei meiner Dichterarbeit nie etwas mit diesem Zeug zu tun hatte. Sollten sich Bruchstücke derartiger Versmaße hie und da finden, so habe ich einfach etwas niedergeschrieben, was mir im Ohr klang, denn man stößt eben immer wieder auf solche Motive wie »Abwärts auf dem Wolgastrome ...«[9]

Ich habe mich oftmals an das Studium der Metrik gemacht, habe auch ihre Mechanik erfaßt, sie aber später immer wieder vergessen. Diese Dinge, die die Lehrbücher der Poesie zu neunzig Prozent füllen, machen in meiner praktischen Arbeit nicht einmal drei aus!
Beim Dichten gibt es nur für den Anfang einige allgemeingültige Regeln. Und das auch nur, weil es so üblich ist. Wie beim Schach. Die ersten Züge sind nahezu gleich. Danach aber beginnt man, einen neuen Angriff zu ersinnen. Ein Zug, mag er auch noch so genial sein, verträgt in der nächsten Partie in der gleichen Situation keine Wiederho-

lung. Nur ein unerwarteter Zug bringt den Gegner aus dem Konzept.
Genau wie unerwartete Reime im Gedicht.

Welche Voraussetzungen sind nun für den Beginn einer dichterischen Arbeit nötig?
1. Vorliegen einer Aufgabe innerhalb der Gesellschaft, einer Aufgabe, deren Lösung nur mit Hilfe eines dichterischen Produkts denkbar ist: ein sozialer Auftrag. (Interessantes Thema für eine Spezialarbeit: die Nicht-Übereinstimmung des sozialen und des Verlagsauftrags).
2. Genaues Wissen oder, richtiger, Bewußtsein von den Bedürfnissen Ihrer Klasse (oder der Gruppe, die Sie vertreten) in dieser Frage, das heißt eine Zielsetzung.
3. Material: Worte. Ständige Auffüllung der Vorratskammern und Speicher Ihres Schädels mit notwendigen, ausdrucksvollen, raren, erfundenen, erneuerten, erzeugten und allerlei anderen Worten.
4. Betriebseinrichtung und Produktionsmittel: Feder, Bleistift, Schreibmaschine, Telephon. Kostüm für Milieustudien. Fahrrad für Fahrten in die Redaktion. Herbeigezauberte Mahlzeiten. Schirm, um im Regen schreiben zu können. Wohnfläche, groß genug, um bei der Arbeit auf und ab zu gehen. Verbindung mit einem Zeitungsausschnittbüro zwecks Zusendung von Material über Fragen, die die Provinz bewegen. Und so weiter, und so fort. Schließlich auch noch Pfeife und Zigaretten.
5. Technik der Wortbearbeitung (unendlich individuell, stellt sich bei täglicher Arbeit erst im Laufe der Jahre ein): Reime, Versmaße, Alliteration, Bilder, Banalisierung des Stils, Pathos, Schlußstrophe, Titel, Disposition und so weiter, und so weiter.

Beispiel. Sozialer Auftrag: den an die Petersburger Front gehenden Rotarmisten Worte für ein Lied zu geben. Zielsetzung: Judénitsch zu schlagen. Material: Worte der Soldatensprache. Produktionsmittel: ein Bleistiftstummel. Technik: gereimter Gassenhauer.
Ergebnis:

> Socken gabst du mir, mein Mädchen,
> auch den Mantel, liebe Braut.
> Von Petersburg haut ab Judénitsch,
> als hätt er Terpentin im Bauch.

Die Neuheit, die die Erzeugung des Gassenhauers rechtfertigt, liegt im Reim »liebe Braut« und »(Terpen)tin im Bauch«. Diese Neuheit macht die Sache nötig, dichterisch, typisch.
Wenn der Gassenhauer wirken soll, muß die Technik des unerwarteten Reimes bei völliger Beziehungslosigkeit des ersten Verspaares zum zweiten angewandt werden. Hierbei können die ersten beiden Verse »Hilfsverse« genannt werden.

Schon diese allgemein gehaltenen, elementaren Regeln der dichterischen Arbeit eröffnen neue Möglichkeiten für die tarifmäßige Einstufung und literarische Beurteilung poetischer Erzeugnisse.

Die Posten Material, Ausrüstung und Technik können unmittelbar in Form von Wertungspunkten angerechnet werden.
Liegt sozialer Auftrag vor? Ja. Zwei Punkte. Zielsetzung? Zwei Punkte. Gereimt? Ein weiterer Punkt. Alliterationen? Noch ein halber Punkt. Und für den Rhythmus ein

zusätzlicher Punkt: das eigenartige Metrum machte eine Autobusfahrt erforderlich.
Mögen die Kritiker ruhig lächeln, aber ich würde die Verse eines Alaskadichters (bei gleicher Qualität natürlich) höher einschätzen als beispielsweise die eines Einwohners von Jalta.
Im Ernst! Dem Alaskamann setzt die Kälte zu. Er muß sich einen Pelz kaufen. Und die Tinte im Füllhalter friert ihm ein. Der Mann in Jalta aber schreibt, Palmen im Hintergrund. An Orten, die auch ohne Verse schön sind.
Die gleiche Klarheit wird damit auch für die literarische Beurteilung erreicht. Die Gedichte Demján Bjédnys sind ein richtig verstandener, aktueller sozialer Auftrag. Exakte Zielsetzung: Bedürfnisse der Arbeiter und Bauern. Vokabular: halb bäuerliche Umgangssprache (unter Beimengung älterer Reime). Technik: Fabel. Die Gedichte von Krútschenych: Alliteration, Dissonanz. Zielsetzung: Hilfe für kommende Dichter.
Hier handelt es sich nicht um das metaphysische Problem, wer besser ist: Demján Bjédny oder Krútschenych. Es sind dichterische Erzeugnisse, die aus verschiedenen Bestandteilen zusammengesetzt sind, die auf verschiedenen Ebenen liegen. Jedes von ihnen kann existieren, ohne das andere zu verdrängen oder ihm Konkurrenz zu machen.

Von meinem Standpunkt aus wäre dies das beste Gedicht: Auf den sozialen Auftrag der Komintern hin, mit der Zielsetzung »Sieg des Proletariats« geschrieben, mit neuen, ausdrucksvollen und allgemeinverständlichen Worten geformt, auf einem nach allen Regeln der WOA[10] ausgerüsteten Tisch erzeugt und per Flugzeug in die Redaktion befördert. Ich wiederhole: per Flugzeug, da ein auf Poesie abgestimmter Lebenszuschnitt ebenfalls einer der Hauptfaktoren unserer Produktion ist.

Der Prozeß der Wertberechnung einer Dichtung ist natürlich wesentlich feiner und komplizierter, als ich das hier dargestellt habe. Ich spitze meinen Gedanken absichtlich zu, vereinfache, karikiere ihn. Ich übertreibe, um deutlicher zu machen, daß das Wesentliche der gegenwärtigen Arbeit an der Literatur nicht in der Beurteilung dieses oder jenes fertigen Produktes vom Standpunkt des Geschmacks aus besteht, sondern in der richtigen Methode, den Produktionsprozeß an sich zu erlernen.
Der Sinn des vorliegenden Aufsatzes besteht keineswegs in einer Auseinandersetzung mit fertigen Vorbildern und Techniken, sondern in dem Versuch, den Prozeß der dichterischen Produktion selbst aufzudecken.

Wie werden denn nun Verse gemacht?

Die Arbeit beginnt schon lange vor dem Empfang, vor dem Bewußtwerden des sozialen Auftrags.
Die vorbereitende dichterische Arbeit ist ununterbrochen im Gange.
Ein gutes dichterisches Produkt kann nur dann termingerecht fertiggestellt werden, wenn man über einen großen Bestand an dichterischen Vorarbeiten verfügt.
Zurzeit (ich schreibe nur nieder, was mir im Augenblick eingefallen ist) geht mir zum Beispiel der schöne Name »Herr Glyzerón« nicht aus dem Kopf, der zufällig bei einer Unterhaltung als Wortspiel aus »Glyzerin« entstanden ist.
Da sind auch gute Reime:

(Der Himmel wie) Crème,
(Und vor ihm der) Kreml.

(Zu Deutschen geht, zu Franzosen, zu) Römern,
(dort sucht eine Heimat für diesen) Böhmen.
Ufá
ruft ja!

Oder:

(August)winde heulen,
(die Farben) sind erfreulich.

Und so weiter, und so fort.

Da ist das Versmaß eines amerikanischen Liedchens, das aber noch abgeändert und russifiziert werden muß, ein Versmaß, das mir gefällt:

Hard-hearted Hannah
the vamp of Savannah,
the vamp of Savannah,
Gee ay!

Da sind auch, geweckt durch ein flüchtig erhaschtes Plakat mit dem Namen »Bage Tang«, die fertig zugeschnittenen Alliterationen:

Ja, was tut Bage Tang?
Bage badet tagelang.

Oder im Zusammenhang mit der Färberei Lutter:

Färben tut Mutter,
Mutter heißt Lutter.

Da sind Themen, die sich mehr oder weniger scharf abzeichnen:

1. Regen in New York.

2. Eine Prostituierte auf dem Boulevard des Capucines in Paris. Eine Prostituierte, die zu lieben als besonders schick

gilt, weil sie nur ein Bein hat (das andere, wenn ich nicht irre, durch Straßenbahn amputiert).
3. Der Toilettenmann im großen Heßler-Restaurant in Berlin.
4. Das Riesenthema »Oktober«, das man nicht bewältigen kann, wenn man nicht auf dem Lande gelebt hat.
Und so weiter.

Alle diese Vorfabrikate sind im Kopf verstaut, besonders schwierige werden notiert.
Die Art ihrer zukünftigen Verwendung ist mir nicht bekannt, aber ich weiß: verwendet wird alles einmal.

Diese »Vorfabrikation« nimmt meine ganze Zeit in Anspruch. Ich brauche zehn bis achtzehn Stunden täglich dafür und murmele fast ständig etwas vor mich hin. Diese Konzentration erklärt meine sprichwörtliche Dichter-Zerstreutheit.
Die Arbeit an solchen Vorfabrikaten vollzieht sich bei mir mit derartiger Anspannung, daß ich mich in neunzig von hundert Fällen sogar an den Ort erinnere, an dem im Verlauf meiner fünfzehnjährigen Arbeit diese oder jene Reime, Alliterationen, Bilder und so weiter auftauchten und ihre endgültige Prägung erhielten.

Vorstadt.
Statt vor... (Straßenbahn vom Ssúcharew-Turm zum Ssrétensker Tor, im Jahr 13).
Finster blickte der Regen.
Erregend... (Strástny-Kloster, im Jahre 12).
Streichelt magere und schwarze Katzen (Eiche in Kúnzewo, im Jahre 14).
Schlicks

Links (Droschke am Kai, im Jahre 17).
Der Schweinehund d'Anthès (im Zuge bei Mytischtschi, im Jahre 24).
Und so weiter, und so fort.

Dieses »Notizbuch« ist eine der Hauptvoraussetzungen für eine wirklich gekonnte Arbeit.
Über dieses Büchlein wird gewöhnlich erst nach dem Ableben eines Schriftstellers geschrieben. Es liegt jahrelang in der Rumpelkammer herum, es wird posthum gedruckt – im Schatten der »vollendeten Werke«.
Aber für den Schriftsteller ist dieses Buch alles.
Angehenden Dichtern fehlt naturgemäß ein solches Büchlein, es fehlen Praxis und Erfahrung. Selbstgeprägte Verse sind selten, die Gedichte daher verwässert, langatmig.
Ein Anfänger wird, wie begabt er auch sei, niemals auf Anhieb etwas Starkes schreiben. Andererseits ist eine Erstlingsarbeit immer »frischer«, da sie die Vorfabrikate des ganzen bisherigen Lebens enthält.
Lediglich ein Bestand an sorgfältig durchdachten Vorfabrikaten gibt mir die Möglichkeit, rechtzeitig mit einem Gedicht fertigzuwerden, da die Norm meiner Ausarbeitung bei richtiger Arbeit acht bis zehn Zeilen pro Tag beträgt.

Der Dichter wertet jede Begegnung, jedes Plakat, jedes Ereignis unter allen Umständen nur als Material für Wortprägung.
Früher verbohrte ich mich so in diese Arbeit, daß ich sogar Angst davor hatte, Worte und Ausdrücke auszusprechen, die ich für künftige Verse zu verwenden gedachte: ich wurde mürrisch, langweilig und einsilbig.

Es muß im Jahre 13 gewesen sein, als ich aus Ssarátow nach Moskau zurückkehrte und – um einer Reisegefährtin meine Ungefährlichkeit zu beweisen – erklärte, ich sei »kein Mann, sondern eine Wolke in Hosen«. Kaum hatte ich es gesagt, begriff ich, daß sich dieser Ausdruck in einem Gedicht verwenden ließ. Wenn er aber nun von Mund zu Mund ginge und sinnlos vergeudet würde? Von furchtbarer Unruhe gepackt, verhörte ich etwa eine halbe Stunde lang das Mädchen mit Hilfe von Suggestivfragen und beruhigte mich erst, als ich mich überzeugt hatte, daß meine Worte ihr schon durchs andere Ohr hinausgeflogen waren.

Zwei Jahre später verwandte ich »Wolke in Hosen« als Titel für ein ganzes Werk.

Zwei Tage lang habe ich darüber nachgedacht, wie ein Einsamer seine zärtlichen Gefühle für seine Einzig-Geliebte ausdrückt.

Wie würde er sie hüten und lieben?

Am dritten Abend legte ich mich mit Kopfschmerzen zu Bett, ohne daß mir etwas eingefallen war. Nachts war die Erleuchtung da.

Deinen Leib
werde ich hüten und lieben
wie ein Soldat, verstümmelt im Krieg,
niemandem nütz, niemand zu eigen,
behütet
sein einziges Bein.

Im Halbschlaf sprang ich auf. In der Dunkelheit schrieb ich »einziges Bein« mit einem angekohlten Streichholz auf den Deckel einer Zigarettenschachtel und schlief wieder ein.

Am Morgen grübelte ich fast zwei Stunden lang darüber

nach, was da für ein »einziges Bein« auf der Schachtel notiert und wie es dahin gekommen war.

Ein verfolgter, aber noch nicht erwischter Reim vergiftet die ganze Existenz. Man redet, ohne zu denken, man ißt, ohne zu schmecken, und der Schlaf flieht einen, während man den Reim fast greifbar vor Augen hat.

Seit Schengéli hält man bei uns die Arbeit des Dichters für eine kinderleichte Angelegenheit.

Es gibt sogar einige Helden, die den Professor übertrumpft haben. So zum Beispiel der Anzeigenteil des Chárkower »Proletariers« (Nr. 256): »Wie wird man Schriftsteller? Einzelheiten gegen Einsendung von fünfzig Kopeken in Briefmarken. Station Slawjánsk der Donéz-Eisenbahn, Postfach Nr. 11.«

Hätten Sie nicht Lust?!

Das gab es übrigens schon vor der Revolution. Ein Büchlein »Wie werde ich nach fünf Unterrichtsstunden Dichter?« wurde bereits als Beilage der Zeitschrift »Zur Unterhaltung« verschickt.

Ich glaube, daß sogar meine wenigen Beispiele der Dichtkunst ihren Platz inmitten der schwierigsten Betätigungen anweisen, zu denen sie ja tatsächlich auch gehört.

Das Verhältnis zum Vers muß dem Verhältnis zur Frau im genialen Vierzeiler Pasternáks gleichen:

An jenem Tage mit Haaren und Haut,
wie ein Shakespearesches Drama der Mime durchs Schmierenlicht,
so schleppt ich dich mit, bis ins letzte vertraut,
durchirrte die Straßen und memorierte dich.[11]

Im folgenden Kapitel werde ich versuchen, am konkreten Beispiel der Entstehung eines Gedichts zu zeigen, wie die Voraussetzungen dafür zustandekommen.

2

Für das wirkungsvollste meiner letzten Gedichte halte ich »An Ssergéj Jessénin«.

Hier brauchte ich einmal weder Zeitschrift noch Verleger zu suchen. Bereits vor dem Druck wurde das Gedicht mehrfach abgeschrieben. Der Satz wurde aus der Druckerei entwendet und in einem Provinzblatt veröffentlicht. (Das Publikum verlangt von sich aus den Vortrag dieses Gedichts. Während der Rezitation kann man eine Fliege summen hören. Nachher drücken die Leute einander die Pfoten, in den Wandelgängen ist man entrüstet und begeistert.) Und am Tage der Veröffentlichung erschien eine gleichzeitig aus Pöbeleien und Komplimenten bestehende Kritik.

Wie wurde das Gedicht gearbeitet?

Jessénin kannte ich schon lange. An die zehn, zwölf Jahre.

Das erstemal hatte ich ihn in Bastschuhen und einem gestickten Bauernhemd angetroffen. Das war in einer der eleganten Leningrader Wohnungen. Da ich wußte, mit welchem Vergnügen ein richtiger und nicht lediglich »dekorativer« Bauer seine Kleidung gegen Straßenschuhe und Anzug vertauscht, mißtraute ich Jessénin. Er kam mir operettenhaft, gekünstelt vor, um so mehr, als er schon Gedichte geschrieben hatte, die Anklang fanden, und er bestimmt die paar Rubel für Schuhe übrig gehabt hatte.

Ich, der ich meine gelbe Jacke abgelegt hatte, erkundigte mich sachlich nach diesem Aufzug:
»Wohl zu Reklamezwecken?«
Jessénin antwortete mit einer Stimme wie lebendiggewordenes Ikonenöl.
Etwa so:
»Wir vom Lande, wir verstehen diese Eure Art nicht... wir werden schon irgendwie... nach unserer Art... wie von altersher handgewebt...«
Seine sehr begabten und sehr dörflerischen Gedichte waren uns Futuristen natürlich ein Dorn im Auge. Er selbst aber schien ein lustiger und netter Kerl zu sein.
Beim Weggehen konnte ich mir nicht verkneifen, ihm zu sagen:
»Ich wette, daß Sie all diese Bastschuhe und Gockelhahnmuster über Bord werfen werden!«
Jessénin widersprach eifrig und überzeugt. Dann zog ihn Kljújew beiseite, wie eine Mutter ihre Tochter, die verführt werden soll und keine Kraft oder keine Lust hat zu widerstehen.

Jessénin irrlichterte. Eine längere Begegnung hatten wir erst wieder nach der Revolution bei Gorki. Ich brüllte mit dem ganzen mir angeborenen Mangel an Feingefühl sofort los: »Zahlen Sie die Wette, Jessénin. Sie tragen ja Rock und Krawatte!«
Er nahm es übel auf und wurde seinerseits aggressiv.
Später stieß ich hin und wieder auf Zeilen und Verse von ihm, die unbedingt gefallen mußten, wie etwa:

Lieber, lieber lust'ger Narr... und so weiter.

Himmel – Glocke, Mond – ihr Klöppel... und anderes.

Jessénin arbeitete sich aus seinem idealisierten »Dörflertum« heraus, aber natürlich gab es Rückfälle. So tauchte neben

Die Heimat ist mir Mutter,
ich bin ein Bolschewik...

die Apologie der »Kuh« auf. An Stelle eines »Denkmals für Marx« wurde ein Denkmal für eine Kuh gefordert. Nicht für eine milchgebende, sondern eine symbolische Kuh, eine Kuh, die sich mit ihren Hörnern einer Lokomotive entgegenstemmt.

Wir knöpften uns Jessénin oft vor, wobei wir ihm in der Hauptsache den Imaginismus vorwarfen, der üppig um ihn ins Kraut geschossen war.

Dann reiste Jessénin nach Amerika und noch anderswohin und kehrte mit einer klaren Neigung zum Neuen zurück.

Leider wurde er in dieser Zeit häufiger im Polizeibericht genannt als auf dem Gebiet der Dichtkunst. Er arbeitete zweifellos mit Erfolg daran, aus dem Verzeichnis der gesunden Dichter gestrichen zu werden (wobei ich unter gesund das Minimum verstehe, das von einem dichterisch Arbeitenden verlangt wird). Damals traf ich ihn einige Male. Die Begegnungen waren elegisch und verliefen ohne den geringsten Streit.

Mit Vergnügen verfolgte ich seine Entwicklung vom Imaginismus zur »Allrussischen Assoziation Proletarischer Schriftsteller«. Er fing an, Interesse für die Verse anderer zu bekunden. Beim höchstgradig in sich selbst verliebten Jessénin machte sich ein neuer Zug bemerkbar: ein gewisser Neid allen Dichtern gegenüber, die organisch mit der Revolution, der Klasse verwachsen waren und einen großen und verheißungsvollen Weg vor sich sahen.

Darin liegt meiner Meinung nach die Wurzel der dichterischen Reizbarkeit Jessénins und seiner Unzufriedenheit mit sich selbst, dem durch Alkohol und das gefühllose und ungeschickte Verhalten seiner Umgebung Verzerrten.

In der letzten Zeit zeigte sich bei ihm sogar eine Art offener Sympathie für uns – die LEF-Leute[12] –: er suchte Asséjew auf, rief mich an, bemühte sich manchmal um ein »zufälliges« Zusammentreffen.
Er war etwas korpulent und schlaff geworden, aber immer noch von Jesséninscher Eleganz.

Unser letztes Zusammentreffen hinterließ bei mir einen nachhaltigen und deprimierenden Eindruck. Am Kassenschalter des Staatsverlages stürzte jemand auf mich zu. Sein Gesicht war gedunsen, seine Krawatte verrutscht. Seine Mütze saß nur noch zufällig oben, denn sie hatte sich in einer blonden Haarsträhne verfangen. Er und zwei seiner (für mich jedenfalls) finsteren Begleiter verbreiteten eine Wolke von Alkoholdunst um sich. Ich erkannte Jessénin tatsächlich kaum wieder. Ich entzog mich mit Mühe einer dringlichen Einladung mitzutrinken, die durch Fuchteln mit beachtlichen Bargeldmengen noch unterstrichen wurde.
Den ganzen Tag mußte ich an seinen bedrückenden Anblick denken, und am Abend sprach ich natürlich lange im Freundskreis (womit sich leider alle stets in solchen Fällen zu begnügen pflegen) darüber, daß man sich doch um Jessénin kümmern müßte. Wir alle schimpften auf das »Milieu« und trennten uns in der Überzeugung, Jessénins Freunde und Anhänger würden schon auf ihn aufpassen.

Aber es kam anders.
Das Ende Jessénins[13] erweckte Trauer, ganz gewöhnliche, menschliche Trauer. Es erschien jedoch sofort völlig natürlich und logisch.
Ich erfuhr davon in der Nacht. Die Trauer wäre auch Trauer geblieben und hätte wahrscheinlich am Morgen schon nachgelassen.
Aber am Morgen brachten die Zeitungen seine Abschiedsverse:

Sterben ist in diesem Leben nicht gerade neu,
doch das Leben ist ja schließlich auch nicht neuer...

Mit diesen Zeilen war der Tod Jessénins eine literarische Tatsache geworden.

Es war sofort klar, daß dieses starke Gedicht eben als Gedicht eine große Zahl Schwankender zu Strick und Revolver greifen lassen würde.
Und keine, aber auch gar keine Zeitungskommentare und -artikel waren in der Lage, dieses Gedicht auszulöschen.
Gegen dieses Gedicht konnte und mußte man mit einem Gedicht, und nur mit einem Gedicht, kämpfen.

So wurde den Dichtern der UdSSR der soziale Auftrag zuteil, Verse über Jessénin zu schreiben. Ein außerordentlicher, wichtiger und eiliger Auftrag, da Jessénins Zeilen schnell und mit tödlicher Sicherheit zu wirken begannen.
Den Auftrag nahmen viele an. Aber was schreiben? Wie schreiben?
Es erschienen Gedichte, Aufsätze, Erinnerungen, Abhandlungen und sogar Dramen. Meiner Ansicht nach sind neunundneunzig Prozent des über Jessénin Geschriebenen reiner Blödsinn oder gar schädlicher Blödsinn.

Unbedeutend sind die Gedichte der Freunde Jessénins. Man kann sie stets an der Anrede erkennen. Sie nennen Jessénin familiär »Sserjósha«. »Sserjósha« existiert als literarisches Faktum nicht.
Es existiert der Dichter Ssergéj Jessénin. Von ihm soll, das bitten wir uns aus, die Rede sein. Die Einführung des familiären »Sserjósha« sprengt sofort den sozialen Auftrag und die Methode seiner Ausführung. Das große, gewichtige Thema wird durch das Wort »Sserjósha« auf das Niveau eines Epigramms oder Madrigals heruntergedrückt. Da helfen auch alle Tränen verwandter Dichterseelen nichts. Vom poetischen Standpunkt sind diese Gedichte wirkungslos. Sie rufen Gelächter und Verstimmung hervor.

Die Gedichte der »Feinde« Jessénins – mögen sie auch durch seinen Tod versöhnt worden sein – sind Pfaffenverse. Sie verweigern Jessénin strikt ein literarisches Begräbnis, lediglich wegen der Tatsache seines Selbstmordes.

Einen solchen grauenhaften Unfug
hätten wir selbst Dir nicht zugetraut.

(*Shárow,* wenn ich mich nicht irre)

Ihre Verse sind Verse von Leuten, die übereilt einen schlecht verstandenen sozialen Auftrag ausführen, in dem die Zielsetzung absolut keinen Zusammenhang mit der Technik aufweist. Sie verwenden einen in diesem tragischen Fall völlig wirkungslosen kleinen Feuilletonstil.
Der hier aus einem komplizierten sozialen und psychologischen Zusammenhang herausgerissene Selbstmord mit seinem momentanen unmotivierten Negativismus (wie sollte es auch anders sein?!) bedrückt durch Mißklang.

Auch die Prosa über Jessénin kann uns im Kampf gegen den von seinem letzten Gedicht angerichteten Schaden wenig nützen.
Das fängt mit Kógan an, der meiner Meinung nach den Marxismus nicht bei Marx studiert, sondern versucht hat, ihn auf eigene Faust aus dem Ausspruch des Luká[14]: »Flöhe sind gar nicht so schlimm, alles schwarze Tierchen und alle hüpfen sie« abzuleiten. Dabei hält er diesen Satz für höchsten wissenschaftlichen Objektivismus und schreibt daher par distance (posthum) einen nunmehr absolut unnützen Aufsatz voller Lobeshymnen. Und das geht bis zu den übelriechenden Traktätchen Krútschenychs, der Jessénin politisch auf eine Weise schulmeistert, als habe er (Krútschenych), ein Märtyrer der Freiheit, sein ganzes Leben im Zuchthaus verbracht. Und als habe es ihn große Mühe gekostet, sechs (!) Heftchen über Jessénin mit einer Hand vollzuschreiben, die noch wund war von den klirrenden Sträftlingsketten.
Was und wie soll man denn über Jessénin schreiben?
Nachdem ich diesen Tod von allen Seiten betrachtet und das fremde Material um und um gewendet hatte, setzte ich mir folgende festumrissene Aufgabe. Zielsetzung: Mit Überlegung die Wirkung der letzten Verse Jessénins zu paralysieren. Des Ende Jessénins uninteressant zu machen. An Stelle einer gewissen Verniedlichung des Todes eine Schönheit anderer Art zu setzen, da die arbeitende Menschheit alle ihre Kräfte für die begonnene Revolution braucht und ungeachtet der Schwierigkeit des Weges, der schweren Probleme der NÖP[15], verlangt, daß wir die Freude des Lebens, die Fröhlichkeit des ungeheuer schweren Marsches in den Kommunismus besingen. Jetzt, da das Gedicht vor mir liegt, ist es leicht, die Formulierung zu

finden. Wie schwer aber war es damals, den Anfang zu machen!

Die Arbeit fiel gerade in die Zeit meiner Vortragsreisen durch die Provinz. Etwa drei Monate kehrte ich Tag für Tag zum Thema zurück, ohne daß mir irgend etwas Vernünftiges eingefallen wäre. Allerlei Teufelszeug mit blauen Fratzen und Wasserleitungsrohren nistete sich in meinem Gehirn ein. Im Verlauf von drei Monaten brachte ich nicht eine einzige Zeile zustande. Aus dem täglichen Durchsieben der Worte blieben nur einige vorfabrizierte Reime bestehen, wie etwa »Welt-Getränk«, »Ramsch-stampft«, »gehoben-Dorónin«. Erst als ich mich wieder Moskau näherte, begriff ich, daß die Schwierigkeit und Langwierigkeit des Schreibprozesses an der allzu genauen Übereinstimmung des zu Beschreibenden mit dem eigenen Alltag lag. Die gleichen Hotelzimmer, die gleichen Röhren und die gleiche erzwungene Einsamkeit.

Der Alltag wickelte mich ein. Ließ mich nicht los. Gewährte weder Empfindungen noch Worte, die zum Brandmarken, zum Neinsagen nötig waren. Lieferte keinen Stoff für einen Aufruf zum Optimismus.

Daher nahezu als Regel: Zur Herstellung eines poetischen Erzeugnisses ist Veränderung des Ortes oder der Zeit erforderlich.

Genau so muß man zum Beispiel beim Malen, wenn man einen Gegenstand skizziert, bis auf eine Entfernung zurücktreten, die der dreifachen Größe des Objektes entspricht. Tut man das nicht, wird man den darzustellenden Gegenstand einfach nicht sehen. Je größer die Sache oder das Ereignis ist, um so größer ist auch der Abstand, den man gewinnen muß. Schwächlinge treten auf der Stelle und warten, bis das Ereignis vorübergeht, um es abzubilden. Kraftnaturen rennen weit genug voraus, um die richtig verstandene Zeit hinter sich herzuziehen.

Beschreibung der Gegenwart durch aktive Teilnehmer an den heutigen Kämpfen wird stets unvollständig, ja unrichtig, auf alle Fälle aber einseitig sein.
Eine solche Arbeit stellt offensichtlich eine Summe, das Ergebnis zweier Betätigungen dar: der Aufzeichnungen des Zeitgenossen und der verallgemeinernden Arbeit des nachfolgenden Künstlers.
Darin besteht die Tragödie des revolutionären Schriftstellers: Man kann ein glänzendes Protokoll liefern – zum Beispiel: »Die Woche« von Lebedinski – und trotzdem ein hoffnungslos falsches Bild geben, wenn man sich an Verallgemeinerungen macht, ohne Distanz zu wahren. Wenn nicht Distanz der Zeit und des Ortes, so wenigstens Distanz des Kopfes.
So hat zum Beispiel die Hochachtung, die Arbeiterkorrespondenten – auf Kosten der Tatsachen und der Berichterstattung – der »Poesie« entgegenbringen, sie veranlaßt, eine »Blütenblätter« genannte Sammlung mit Versen zu veröffentlichen wie etwa:

> Ich bin Proletarierkanone
> und schieße nach hier und nach dort.

Wir lernen daraus:
1. Werfen wir den Unsinn von der Entfaltung »epischer Gemälde«[16] während der Barrikadenkämpfe über Bord – die ganze Leinwand wird zerfetzt.
2. Der Wert des Tatsachenmaterials (daher auch das Interesse für Arbeiterkorrespondenzen vom Lande) während der Revolution muß höher, jedenfalls aber nicht niedriger eingeschätzt werden als ein sogenanntes »Gedicht«.

Vorschnell gereifte Poetisierung verwässert und verfälscht nur das Material. Sämtliche Lehrbücher à la Schengéli sind schädlich, weil sie die Poesie nicht aus dem Material ableiten, das heißt nicht die Quintessenz der Tatsachen geben, die Tatsachen nicht so weit zusammendrängen, daß das gepreßte, konzentrierte, sparsame Wort entsteht, sondern der neuen Tatsache einfach eine alte Form überstülpen. Die Form paßt meistens nicht: entweder verliert sich die Tatsache vollkommen wie die Nadel im Heuhaufen – Beispiel: die Radímowschen Ferkel in seinen griechischen Pentametern, die einer »Ilias« angemessen wären –, oder die Tatsache wächst aus ihrem poetischen Gewand heraus und wirkt lächerlich statt erhaben. So sehen zum Beispiel bei Kiríllow die »Matrosen« aus, die im vierfüßigen, in allen Nähten krachenden, abgetragenen Amphibrachys daherschreiten.

Wechsel der Ebene, auf der sich diese oder jene Tatsache zugetragen hat, Entfernung sind unbedingt erforderlich. Das bedeutet natürlich nicht, daß der Dichter sich einfach aufs Warten verlegen soll, während die Zeit verrinnt. Er muß den Zeitablauf beschleunigen. Den langsamen Gang der Zeit durch Ortswechsel ersetzen. An einem Tage, der in Wirklichkeit vergangen ist, ein Jahrhundert – in der Phantasie – passieren lassen.
Für leichte, kleine Sachen kann und muß man einen solchen Ortswechsel künstlich herbeiführen (übrigens geht das ganz von alleine).
Es ist gut, ein Gedicht über den ersten Mai so etwa im November oder Dezember anzufangen, zu einer Zeit, da man diesen ersten Mai in Wirklichkeit um alles in der Welt herbeisehnt.

Wenn Sie über stille Liebe schreiben wollen, benutzen Sie den Autobus Nr. 7 vom Lubjánsker Platz bis zum Nogin-Platz. Gegen diese widerliche Rüttelei wird sich die Herrlichkeit jedes anderen Lebens am besten abheben. Die Rüttelei ist als Kontrast notwendig.

Auch für die Bewährung einer bereits niedergeschriebenen Sache ist Zeit erforderlich.
Sämtliche Gedichte, die ich bei maximalem seelischem Aufschwung über ein vordringliches Thema niederschrieb und die mir bei der Ausführung selbst gefielen, erschienen mir trotzdem am nächsten Tage klein, unfertig, schief. Immer gibt es da etwas, was man schrecklich gern ändern möchte.
Deshalb schließe ich eine Arbeit, die ich eben vollendet habe, für mehrere Tage in meinen Schreibtisch ein, nehme sie dann wieder heraus und sehe mit einemmal die mir früher entgangenen Mängel. Ich war damals nicht mehr aufnahmefähig.

Das soll aber wieder nicht heißen, daß man nur unaktuelle Sachen herstellen soll. Nein. Gerade aktuelle. Ich mache nur die Dichter darauf aufmerksam, daß Agitationsverse, die als leicht gelten, in Wirklichkeit hochkonzentrierte Arbeit und allerlei Tricks verlangen, um den Mangel an Zeit zu ersetzen.
Man muß zum Beispiel eine eilige Agitationssache abends und nicht morgens ins reine schreiben. Am Morgen sieht man dann – auch wenn man es nur einmal überfliegt – vieles, was leicht zu verbessern ist.
Wenn man dagegen die Reinschrift in der Frühe macht, bleibt der größte Teil der Schnitzer darin.

Die Fähigkeit, Distanz zu schaffen und die Zeit zu nutzen (aber nicht Jamben und Trochäen), muß als Grundlage in jedes Lehrbuch der dichterischen Produktion Eingang finden.
Aus diesem Grunde habe ich auch das Jessénin-Gedicht auf dem kurzen Weg von der Lubjánsk-Gasse zum Gebäude der Teeverwaltung auf der Mjassnítzkaja (ich war unterwegs, um einen Vorschuß zu holen) mehr gefördert als während meiner ganzen Reise. Die Mjassnítzkaja war ein schroffer und notwendiger Kontrast: nach der Einsamkeit der Hotelzimmer die Menschenmenge auf der Straße, nach der Provinzstille die erregenden und lustigen Autobusse, Autos und Straßenbahnen, und überall – wie eine Herausforderung an die alten Kienspandörfer – die Elektroläden.

Ich gehe, mit den Armen schlenkernd, und brumme – noch fast ohne Worte – vor mich hin. Bald verkürze ich meinen Schritt, um mich dem Gebrumm anzupassen, bald brumme ich schneller im Takt meiner Schritte.
So wird der Rhythmus gefeilt und gebildet. Er ist die Grundlage, die als Tonstrom jedes dichterische Erzeugnis durchzieht.
Allmählich fängt man an, aus diesem Tonstrom heraus einzelne Worte zu prägen.
Einige Worte springen einfach ab und kehren nie mehr zurück. Andere werden festgehalten und viele Dutzend Male umgedreht und umgekrempelt, bis man fühlt: das Wort hat seinen Platz gefunden (eben dies – mit der Erfahrung zunehmende Gefühl wird Talent genannt). Als erstes tritt meist das wichtigste Wort – das Grund-Wort hervor, das den Sinn des Verses bestimmt, oder das Reim-Wort.

Die übrigen Worte kommen und werden in Abhängigkeit vom Grund-Wort eingebaut.
Wenn die Rohform fertig ist, hat man plötzlich das Gefühl: der Rhythmus reißt ab – es fehlt eine kleine Silbe, ein kleiner Ton.
Nun fängt man aufs neue an, alle Worte umzuformen. Die Arbeit bringt einen zur Raserei. Es geht wie bei einer Krone, die nicht sitzt: hundertmal wird sie dem Zahn angepaßt, bis sie endlich, nach den hundert Versuchen noch einmal aufgedrückt, wirklich sitzt. Die Ähnlichkeit wurde bei mir noch dadurch verstärkt, daß mir, wenn die Krone endlich »saß«, im wahrsten Sinne des Wortes die Tränen in die Augen traten – vor Schmerz und Erleichterung.

Woher dieser grundlegende rhythmische Tonstrom kommt, weiß ich nicht. Bei mir ist es jedes innere Echo von Tönen, Geräuschen, Schwingungen oder sogar im allgemeinen der Widerhall einer jeden Erscheinung, der ich Tonwert verleihe. Einen Rhythmus kann sowohl das Rauschen der sich wiederholenden Brandung auslösen als auch ein Hausmädchen, das allmorgendlich die Tür zuschlägt, was in Wiederholungen dröhnend durch mein Bewußtsein stampft. Und schließlich auch die Vorstellung der Erdumdrehung, die bei mir, wie bei der Vorführung eines rotierenden Schulglobus, komischerweise unzertrennlich mit dem Auf- und Abschwellen des dabei erzeugten Windes verbunden ist.
Das Bestreben, Bewegung zu erzeugen, rings um sich her Töne hervorzurufen und ihren Charakter, ihre Eigentümlichkeiten herauszufinden, ist eine der hauptsächlichsten ständigen dichterischen Arbeiten: rhythmische Vorfabrikation.

Ich weiß nicht, ob der Rhythmus außerhalb meiner oder nur in mir existiert. Höchstwahrscheinlich in mir. Aber um ihn zu wecken, bedarf es eines Anstoßes. So bringt ein Knarren unbekannter Herkunft das Innere eines Flügels zum Dröhnen. So wird durch Ameisengleichschritt eine Brücke bis zur Einsturzgefahr in Schwingungen versetzt.
Rhythmus ist die Grundkraft, die Grundenergie des Gedichts. Erklären kann man ihn nicht. Man kann über ihn nur so reden wie über Magnetismus oder Elektrizität. Magnetismus oder Elektrizität sind Erscheinungsformen der Energie. Der Rhythmus mag in vielen Gedichten, ja sogar im ganzen Werk eines Dichters der gleiche sein. Aber das macht sein Werk nicht einförmig, weil der Rhythmus derart kompliziert und schwer ergründbar sein kann, daß man auch mit Hilfe mehrerer großer Gedichte nicht hinter seine Schliche kommt.

Der Dichter muß gerade dieses rhythmische Gefühl in sich entwickeln und nicht allerlei fremde Versmaße auswendig lernen. Jamben, Trochäen, sogar der kanonische freie Vers – das sind Rhythmen, die für einen konkreten Fall geschaffen und auch nur für diesen konkreten Fall geeignet sind. Auf einen Hufeisenmagneten übertragene magnetische Energie wird zum Beispiel Eisenfeilspäne anziehen, aber zu nichts anderem brauchbar sein.

Von den Metren kenne ich kein einziges. Ich für meinen Teil bin davon überzeugt, daß man für die Wiedergabe heroischer und erhabener Sachen lange Versmaße mit einer großen Zahl von Silben und für lustige kurze wählen muß. Aus unerfindlichen Gründen hat sich bei mir die ganze erste Grupppe seit meiner Kindheit (von etwa neun Jahren an) mit

Unsterbliche Opfer, ihr sanket dahin…

die zweite dagegen mit

Wir entsagen den alternden Welten…

assoziiert.

Ulkig. Aber es ist so. Ehrenwort.

Bei mir entsteht das Versmaß als Ergebnis der Zudeckung des rhythmischen Tonstroms mit Worten. Worten, die von der Zielsetzung diktiert werden (immer wieder fragt man sich: ist das auch das richtige Wort? Wem werde ich es vortragen? Wird man es auch so verstehen? und so weiter). Worte, die durch höchstes Taktgefühl, Fähigkeiten, Talent kontrolliert werden müssen.

Zunächst wurde das Gedicht an Jessénin nur ungefähr so gebrummt:

ra-ra-rá / ra rá / ra, ra, ra, rá / ra rá/
ra-ra-ri / ra ra ra / ra ra / ra ra ra ra /
ra-ra-ra / ra-ra ra ra ra rari
ra-ra-ra / ra ra-ra / ra ra / ra / ra ra

Dann zeichneten sich Worte ab:

Sie sind fort ra ra ra ra in jene Welt.
Es mag sein, Sie fliegen ra ra ra ra ra ra.
Ihr Vorschuß fehlt, die Weiber und Getränk.
Ra ra ra / ra ra ra ra / nüchtern.

Dutzende von Malen wiederhole ich und horche auf die erste Zeile:

Sie sind fort ra ra ra in jene Welt, und so weiter.

Dieses verfluchte »ra ra ra«! Was kann man dafür einsetzen?

Vielleicht könnte man es auch überhaupt weglassen:

Sie sind fort in jene Welt?

Nein! Sofort fällt mir ein Vers ein, den ich irgendwo gehört habe:

Armes Roß, fiel im Feld.

Was soll denn das Roß hier! Hier dreht es sich nicht um ein Pferd, sondern um Jessénin.
Wenn man die Silben fortläßt, kommt zudem eine Art theatralischer Galopp zustande, während es mit dem »ra ra ra« bedeutend erhabener klingt.
»Ra ra ra« darf also auf keinen Fall hinausgeworfen werden – der Rhythmus ist richtig.
Ich fange an, Worte einzupassen.

Sie sind fort, Sserjósha, in jene Welt.
Sie sind fort, unwiederbringlich, in jene Welt.
Sie sind fort, Jessénin, in jene Welt.

Welche Zeile ist die beste?

Alles Quatsch! Warum?
Die erste Zeile ist falsch wegen des Wortes »Sserjósha«. Ich habe mich Jessénin gegenüber nie so plump-vertraulich ausgedrückt. Und auch jetzt ist dieses Wort unzulässig, da es eine Menge anderer falscher, mir und unserem Verhältnis nicht entsprechender Wendungen – »Du«, »Lieber«, »Bruder« und so weiter – nach sich ziehen würde.
Die zweite Zeile ist deshalb schlecht, weil das Wort »unwiederbringlich« darin nicht notwendig, weil es zufällig und nur als Versfüllsel eingeschoben ist. Es nützt nicht nur nichts, es erklärt nichts, es ist einfach störend. In der Tat, was soll dies »unwiederbringlich«?! Ist jemand schon mal

»wiederbringlich« gestorben? Gibt es einen Tod mit Rückfahrkarte?
Die dritte Zeile taugt nichts wegen ihres betonten Ernstes (die Zielsetzung hämmert es mir allmählich ein, daß dies ein Mangel aller drei Zeilen ist). Warum ist dieser Ernst nicht zulässig? Weil er Anlaß bietet, mir den Glauben an ein jenseitiges Leben nach Art der Evangelien zuzuschreiben, was nicht der Fall ist. Das zum ersten. Und zweitens: Dieser Ernst macht das Gedicht geradezu leichenbitterlich und gar nicht tendenziös – er verdunkelt die Zielsetzung.
Aus diesem Grunde nehme ich die Worte »Wie man so sagt« hinein.

Sie sind fort, wie man so sagt, in jene Welt.

Der Vers ist fertig.
»Wie man so sagt«, ist zwar nicht ausgesprochen ironisch, aber setzt doch das Pathos des Verses unmerklich herab und widerlegt gleichzeitig jeden Verdacht, der Verfasser glaube an irgendwelche postmortalen Albernheiten.

Der Vers ist fertig und wird sofort zur Grundlage, die die ganze Strophe bestimmt.
Man muß diese Strophe doppeldeutig machen: keine Scherze angesichts der Trauer, andererseits aber auch kein tränenreiches Geplärre. Man muß sie von Anfang an in zwei Hälften aufteilen: zwei feierliche Verse und zwei Verse in der Umgangssprache, aus dem Alltagsleben, die einander durch den Gegensatz hervorheben.
Daher machte ich mich, getreu meiner Überzeugung, daß man bei lustigeren Versen die Silbenzahl kürzen muß, zuerst an den Schluß der Strophe:

Ihr Vorschuß fehlt, die Weiber und Getränk,
ra ra rá ra ra rá ra rá nüchtern.

Was soll man mit diesen Versen machen? Wie soll man sie beschneiden? Weggeschnitten werden muß »Die Weiber«. Warum? Weil diese »Weiber« am Leben sind. Sie so zu nennen, nachdem ihnen der größte Teil der Jesséninschen Lyrik mit großer Zärtlichkeit zugeeignet ist, wäre taktlos. Darum ist es falsch, darum klingt es auch nicht.

Bleibt:

Ihr Vorschuß fehlt und Getränk.

Ich versuche, das vor mich hinzumurmeln – es klappt nicht. Die Zeile weicht so stark von der ersten ab, daß der Rhythmus sich nicht nur verändert, sondern einfach zerbricht, abreißt. Zuviel weggeschnitten. Was soll ich nun machen? Ein paar kleine Silben zu wenig. Dieser aus dem Rhythmus geratene Vers ist auch von einem anderen Standpunkt mißlungen: vom Sinn her. Er ist ungenügend abgesetzt und schiebt dazu alle »Vorschüsse und Getränke« allein Jessénin zu, während sie sich doch genau so auf uns alle beziehen.

Wie soll man diesen Vers sich noch stärker abheben lassen und ihn zugleich verallgemeinern?

Ich greife einfach auf die Volkssprache zurück:

Keiner weiß was von Tuten und Blasen
Keiner weiß was von Vorschuß und Getränk.

In der Umgangssprache heißt es in der vulgärsten Form:

Keine Ahnung von Tuten und Blasen.
Keine Ahnung dort von Vorschuß und Getränk.

Jetzt »steht« die Zeile, sowohl dem Versmaß als auch dem Sinn nach. »Keine Ahnung« bildet einen noch schärferen Gegensatz zu den ersten Versen, und die Anrede in der ersten Zeile »Sie sind fort« im Gegensatz zum »Keine

Ahnung« in der dritten zeigt sofort, daß »Vorschuß« und »Getränk« nicht dastehen, um Jessénins Andenken herabzusetzen, sondern zur Kennzeichnung einer allgemeinen Erscheinung.
Dieser Vers erwies sich als guter Anlauf, um alle Silben vor »nüchtern« hinauszuwerfen. Dieses »nüchtern« wird damit gleichsam zum Schlüssel des Problems. Jetzt muß die Strophe, obwohl sie ihren nahezu spöttischen Charakter beibehält, sogar bei begeisterten Jessénin-Verehrern Anklang finden.

Die Strophe ist in den Grundzügen fertig. Bleibt nur noch ein Vers mit unausgefülltem Reim:

Sie sind fort, wie man so sagt, in jene Welt,
es mag sein, Sie fliegen ra ra rá ra.
Keine Ahnung dort von Vorschuß und Getränk:
nüchtern.

Vielleicht kann man ihn ungereimt lassen?
Das geht nicht. Warum? Weil das Gedicht ohne Reim (im weiteren Sinne des Wortes) auseinanderfällt. Der Reim weist uns auf den vorhergehenden Vers zurück, zwingt uns, sich seiner zu erinnern, hält alle Verse, die einem Gedanken Ausdruck geben, zusammen.

Mit Reim bezeichnet man gewöhnlich den Gleichklang der letzten Worte in zwei Versen, wobei ein betonter Vokal gleich ist und die darauf folgenden Laute ungefähr übereinstimmen.
So reden alle. Und trotzdem ist es Unsinn.
Der Endgleichklang, der Reim – das ist nur eine Methode unter unendlich vielen Methoden der Versverknüpfung. Nebenbei gesagt: die einfachste und gröbste. Man kann aber auch Versanfänge reimen:

Vorstadt.
Statt vor tauben Bauten Anmut… und so weiter.

Man kann auch das Versende mit dem nächsten Versanfang reimen:

Finster blickte der Regen.
Erregend: Gewitter durch Gitter, und so weiter.

Man kann das erste und das zweite Versende zusammenfassen und sie gemeinsam auf den Schluß des dritten oder vierten Verses reimen:

Unter den gelehrten Schemen
elend
stümperte russische Verse Schengéll.

Und so weiter, ad infinitum.

In meinem Gedicht muß ein Reim auf das Wort »nüchtern« gefunden werden. Zuerst werden einem Worte wie »schüchtern« einfallen, zum Beispiel:

Sie sind fort, wie man so sagt, in jene Welt,
es mag sein, Sie fliegen – Sie sind ja nicht schüchtern!
Keine Ahnung dort von Vorschuß und Getränk:
nüchtern.

Kann dieser Reim stehenbleiben? Nein.
Warum nicht?
Erstens: weil er zu voll, zu rein ist. Wenn man »nüchtern« sagt, so drängt sich der Reim »schüchtern« bereits auf, und wenn er dann ausgesprochen ist, verblüfft er nicht, erregt er keine Aufmerksamkeit. Das ist das Schicksal fast aller artverwandten Worte beim Reimen von Verbum auf Verbum, Substantiv auf Substantiv, bei gleichen Wortstämmen oder Kasus und so weiter.
Außerdem ist »schüchtern« noch deshalb schlecht, weil es

das ironische Element schon in die ersten Verse hineinträgt und damit die ganze folgende Kontrastwirkung abschwächt.

Vielleicht könnte man sich die Arbeit dadurch erleichtern, daß man das Wort »schüchtern« durch ein anderes, leichter reimbares Wort ersetzt oder »nüchtern« nicht an das Versende stellt, sondern die Zeile noch etwas erweitert, zum Beispiel »nüchtern, still«?

Meiner Meinung nach geht das nicht. Ich setze immer das charakteristischste Wort an das Versende und hole dazu um jeden Preis einen Reim heran. Im Ergebnis sind meine Reime fast immer ungewöhnlich. Jedenfalls sind sie vor mir nicht verwendet worden und im Reimlexikon nicht zu finden.

Der Reim hält die Verse zusammen. Daher muß er aus einem Material bestehen, das stärker ist als das Material, das für die übrigen Bestandteile des Verses verwendet wurde.

Ich nehme die bezeichnendsten Laute des Reimwortes – »üchte« – und spreche sie unzählige Male vor mich hin, indem ich aufmerksam auf alle Assoziationen lausche: »flüchten«, »fürchten«, »Lichter«, »tüfteln«, »Lüfte«, »dürften«, »schürfend«.

Ein gelungener Reim ist gefunden. Ein Verbum und dazu noch ein eindrucksvolles!

Unglücklicherweise hört man aber im Wort »nüchtern« – wenn auch nicht so deutlich wie das »ücht« – die beiden »n« heraus. Was fängt man damit an? Man muß entsprechende Laute auch in den vorhergehenden Vers hineinnehmen.

Aus diesem Grunde wurde »Es mag sein« durch die Worte

»Nacht und Nichts« ersetzt, in denen das »n« reichlich vertreten ist.

Und damit haben wir die endgültige Fassung:

Sie sind fort, wie man so sagt, in jene Welt.
Nacht und Nichts. Sie fliegen, Sterne schürfend.
Keine Ahnung dort von Vorschuß und Getränk:
nüchtern.

Es ist klar, daß ich übertrieben vereinfache, schematisiere und die dichterische Arbeit einer verstandesmäßigen Analyse unterziehe. Der Vorgang des Schreibens ist unübersichtlicher, intuitiver. Aber im Grunde genommen geht die Arbeit nach diesem Schema vor sich.

Die erste Strophe bestimmt das ganze Gedicht. Sobald ich über eine solche Strophe verfüge, berechne ich schon, wieviele davon für das gegebene Thema erforderlich sind und wie ich sie zur Erzielung der besten Wirkung verteile: Architektur der Dichtung.

Mein Thema ist umfangreich und kompliziert. Man wird dafür zwanzig bis dreißig Vier-, Sechs- und Zweizeiler als »Bausteine« brauchen.

Nachdem ich fast alle »Bausteine« fertig habe, fange ich an, sie einzupassen, indem ich sie bald an diese Stelle, bald an eine andere setze und hinhöre, wie sie klingen. Dabei suche ich mir den Eindruck vorzustellen, den sie machen werden.

Nach dem Anpassen und Durchdenken beschließe ich: Zuerst muß das Interesse aller Hörer durch einen Doppelsinn gewonnen werden, der es offen läßt, auf wessen Seite ich stehe. Darauf muß man Jessénin denen entreißen, die seinen Tod zu ihrem Vorteil ausnutzen. Man muß Jessénin herausstreichen und ihn so weißwaschen, wie es seine

Verehrer nicht fertiggebracht haben, die »stumpfe Silben in das Grab stampfen«.

Um die Sympathien des Publikums endgültig zu erobern, muß man diejenigen angreifen, die Jessénins Arbeit schlechtmachen – um so mehr als sie auch jede andere schlechtmachen, mit der sie sich befassen –: alle diese Ssóbinows, diese Kógans. Hierbei ist der Hörer schnell, diesmal mit leichen Zweizeilern, zu lenken.

Wenn man das Publikum gewonnen, ihm ein Anrecht auf die Jesséninsche Tat und ihr Drum und Dran entrissen hat, muß man ihm plötzlich die Überzeugung von der völligen Unwichtigkeit und Interesselosigkeit des Endes Jessénins beibringen und dessen letzte Worte so umformen, daß sie den entgegengesetzten Sinn erhalten.

Hält man das in einer primitiven Zeichnung fest, so ergibt sich folgendes Schema:

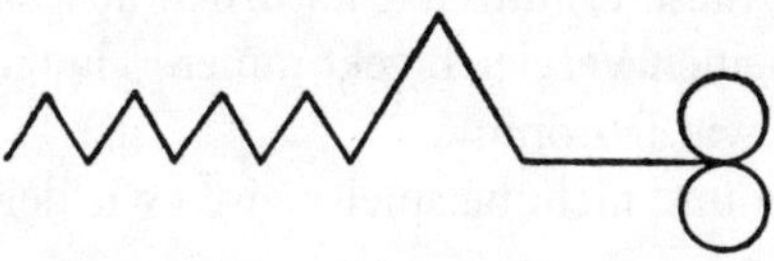

Wenn man die Grundquadern der Strophen fertig und den allgemeinen Bauplan aufgestellt hat, kann man die grundlegende schöpferische Arbeit als vollendet ansehen.

Nun folgt die relativ leichte technische Bearbeitung des Gedichts.

Die Ausdruckskraft des Verses muß aufs Höchste gesteigert werden.

Eines der wichtigsten Mittel der Ausdruckssteigerung ist das Bild. Nicht das ursprüngliche visionäre Bild, das im Anfang der Arbeit als erste, noch nebelhafte Antwort auf

den sozialen Auftrag entsteht. Nein, ich spreche hier von Hilfsbildern, die jenem Hauptbild zur Entfaltung verhelfen.
Diese Bilder sind eines der ewigen poetischen Mittel, und die Strömungen, die sie zum Selbstzweck erhoben – wie zum Beispiel der Imaginismus –, verurteilten sich im Grunde zur ausschließlichen Bearbeitung einer einzigen technischen Seite der Poesie.
Die Methoden der Bildschöpfung sind zahllos.
Zu den primitiven Verfahren gehört der Vergleich. Meine ersten Sachen, zum Beispiel »Wolke in Hosen«, waren ganz auf Vergleichen aufgebaut. Lauter »wie« und »wie« und nochmals »wie«.
Sollte es nicht diese Primitivität sein, die späte Bewunderer dazu gebracht hat, meine »Wolke« als »Spitzengedicht« anzusehen? In meinen nachfolgenden Arbeiten und in meinem »Jessénin« ist diese Primitivität natürlich ausgemerzt. Ich bin nur auf einen Vergleich gekommen: »lang, zum Gähnen, ganz so wie Dorónin«.
Warum »wie Dorónin« und nicht beispielsweise »wie der Weg bis zum Monde«?
Erstens: Der Vergleich aus der Welt der Literatur ist deshalb gewählt worden, weil das ganze Gedicht sich um einen Literaten dreht.
Zweitens: ist »Der eiserne Pflüger« (so heißt es doch[17]?) länger als die Strecke bis zum Mond. Denn dieser Weg ist etwas Irreales, während »Der eiserne Pflüger« leider real ist. Und außerdem würde der Weg zum Mond infolge seiner Neuheit kürzer erscheinen, während die viertausend Strophen Dorónins durch die Einförmigkeit der sechzehntausendmal gesehenen Wort- und Reimlandschaft erschüttern.

Und schließlich muß ein Bild auch tendenziös sein, das heißt, man muß bei der Bearbeitung eines großen Themas selbst winzige Einzelbilder, die man unterwegs antrifft, für den Kampf, für die literarische Agitation ausnutzen.

Eine sehr verbreitete Art der Bild-Schöpfung ist auch die Metapherbildung, das heißt die Übertragung von Zügen, die bisher nur bestimmten Dingen eigneten, auf andere Worte, Dinge, Erscheinungen, Begriffe.
Metaphorisiert ist zum Beispiel der Vers:

Doch da schleppen sie verblichnen Reime-Ramsch.

Wir kennen Eisenschrott oder Schokoladenbruch. Aber wie soll man die übriggebliebenen poetischen Brocken nennen, die bei den verschiedenen dichterischen Arbeiten keine Verwendung gefunden haben? Verramschte Reime, Reime-Ramsch. Hier handelt es sich um eine bestimmte Art Reime, um »verblichene«, also: »verblichener Reime-Ramsch«.
Aber so kann man den Vers nicht lassen, denn er klingt wie: »verblichener Eimer Ramsch« und entstellt durch diese sogenannte »Bedeutungs-Verschiebung« den ganzen Sinn des Verses.
Das ist eine Nachlässigkeit, die sehr oft vorkommt.
So findet sich zum Beispiel in einem lyrischen Gedicht Utkins, das vor kurzem im »Scheinwerfer« abgedruckt wurde, der Vers:

Der Knab' auch wird nicht kommen,
so wie man nie vernommen,
daß winters je ein Schwan sich herverirrt.

Ergebnis: ein deutlicher »Kna – Bauch«.
Besonders effektvoll ist die Anfangszeile eines Gedichtes,

das Brjússow in den ersten Tagen des Krieges in der Zeitschrift »Unsere Tage« veröffentlichte:

Sie sollen es wissen: wir woll'n die Gösch hissen...

Eine »Bedeutungsverschiebung« wird beseitigt, wenn man die Worte voneinander absetzt und dadurch gleichzeitig die einfachste und deutlichste Klärung erzielt:

verblichnen Reime-Ramsch.

Eine Methode der Bildschöpfung, die ich in letzter Zeit besonders viel verwende, ist die Schaffung der phantastischsten Ereignisse, das heißt Tatsachen, die durch Hyperbeln betont werden:

Daß der Kógan, weithin auseinanderlaufend,
mit den Schnurrbartlanzen, wen er trifft, entstellt.

Kógan wird mit Hilfe dieses Bildes zum Sammelnamen und erhält dadurch die Möglichkeit »auseinanderzulaufen«. Seine Schnurrbartspitzen verwandeln sich in Lanzen. Zur Verstärkung des Lanzenhaften liegen die von den Schnurrbartspitzen Verkrüppelten herum.

Die Methoden der Bildschöpfung werden ebenso wie auch die ganze übrige Technik der Poesie variiert, je nach der Übersättigung des Lesers durch die eine oder die andere Form.

Es gibt auch eine umgekehrte Bildlichkeit, die das Gesagte nicht nur nicht mit Hilfe der Phantasie erweitert, sondern im Gegenteil bemüht ist, die Wortwirkung in einen absichtlich enggehaltenen Rahmen zu zwängen.

So heißt es zum Beispiel in meinem alten Gedicht »Krieg und Welt«:

Im faulenden Waggon
kommen

auf vierzig Mann
nur
vier Beine.

Auf einem solchen Zahlenbilde beruhen viele Verse Sselwínskis.

Nun folgt die Arbeit an der Auswahl des Wortmaterials. Man muß genau das Milieu in Betracht ziehen, in dem das Gedicht spielt, damit nicht zufällig ein milieufremdes Wort hineingerät.

Ich hatte zum Beispiel den Vers:

Da Sie, mein Lieber, so etwas verstanden.

»Mein Lieber« ist ein Mißgriff.

Erstens: weil es absolut nicht zur rauhen, anklagenden Einstellung des Gedichts paßt.

Zweitens: ist dieser Ausdruck nie unter uns Dichtern üblich gewesen.

Drittens: ist es ein kleinformatiger Ausdruck, der gewöhnlich in unbedeutenden Gesprächen fällt und eher zur Tarnung eines Gefühls als zu seiner Unterstreichung benutzt wird.

Viertens: ein wahrhaft gramgebeugter Mensch pflegt sich hinter einem gröberen Ausdruck zu verschanzen.

Und schließlich: dieses Wort sagt ja gar nichts darüber aus, was der Mann verstand. Sie verstanden es ... Was? Was verstand Jessénin? Zur Zeit besteht eine große Nachfrage nach seinen Gedichten, eine aufmerksame und begeisterte Einstellung zu seiner Lyrik. Der literarische Werdegang Jessénins hat sich aber auf der Linie des sogenannten literarischen Skandals vollzogen (einer keineswegs schimpflichen, sondern durchaus ehrenhaften Angelegenheit, die ein Echo, eine Seitenlinie der berühmten futuristischen Kundgebungen bildet). Und gerade diese Skandale waren bei Lebzeiten die literarischen Marksteine, die Etappen Jessénins.

Bei seinen Lebzeiten hätte zwar gut zu ihm gepaßt:

Voll Gefühl zu singen haben Sie verstanden.

Jessénin hat nicht gesungen (seiner Natur nach ist er zwar zigeunerhaft-gitarristisch, aber seine poetische Ehrenrettung liegt darin, daß er wenigstens bei Lebzeiten nicht so aufgefaßt wurde, und in seinen Bänden sich ein Dutzend auch dichterisch neuer Stellen findet).

Jessénin sang nicht. Er nahm den Mund voll, er – gab an.

Erst nach langer Überlegung setzte ich »Anzugeben« ein, wie sehr auch ein solches Wort den Zöglingen der literarischen Freudenhäuser wider den Strich gehen mag, die den ganzen Tag Angebereien reinsten Wassers anhören und davon träumen, sich in der Poesie mit »Fliederblüten«, »schlanken Fingern«, »Vogelsang«, »Akkorden« und »Rosenwangen« abzureagieren.

Ich führe jetzt die allmähliche Wortformung eines Verses ohne jeden Kommentar an:

1. Unsre Tage geben uns an Frohsinn wenig her.
2. Unsre Tage geben uns an Freude wenig her.
3. Unsre Tage geben uns an Glück so wenig her.
4. Unser Leben gibt an Frohsinn nicht viel her.
5. Unser Leben gibt an Freude nicht viel her.
6. Unser Leben gibt an Glück so wenig her.
7. Unser Erdball gibt an Fröhlichkeit nur wenig her.
8. Unser Erdball gibt an Heiterkeit nur wenig her.
9. Kaum gibt unser Erdball was an Fröhlichkeiten her.
10. Kaum gibt unser Erdball etwas Frohsinn her.

11. Unser kleiner Erdball gibt an Lustbarkeiten wenig her.

Und schließlich als letzten den zwölften:

12. Unser Erdball gibt an Frohsinn nicht viel her.

Ich könnte eine ganze Verteidigungsrede zugunsten der letzten Zeile halten, aber im Augenblick begnüge ich mich damit, die Verse aus meinem Notizbuch abzuschreiben, um zu verdeutlichen, wieviel Arbeit man auf wenige Worte verwenden muß.

Bei der technischen Bearbeitung muß auch die Klangqualität des dichterischen Erzeugnisses, das Abstimmen der einzelnen Worte aufeinander beachtet werden. Diese »Magie des Wortes«, das »Vielleicht ist alles im Leben nur ein Mittel für hell klingende Verse«[18], die klangliche Seite erscheint ebenfalls vielen als Selbstzweck der Poesie. Das bedeutet aber wieder eine Herabwürdigung der Dichtkunst zu einer rein technischen Fertigkeit.

Überladung mit Gleichklängen, Alliterationen und so weiter erzeugt beim Leser schon nach wenigen Augenblicken das Gefühl der Übersättigung.

Zum Beispiel Balmónt:

Ich wandernder Wind, ich wehe wahllos,
ich wühle in Wellen...

Alliterationen müssen mit äußerster Vorsicht dosiert werden, nach Möglichkeit ohne die Wiederholungen aufdringlich hervortreten zu lassen.

Ein Beispiel für eine klare Alliteration bietet in meinem Jessénin-Gedicht die Zeile:

Wird's ein Werk aus Erz, ein Marmor-Mal?

Ich benutze die Alliteration zur Umrahmung, zur stärkeren Hervorhebung eines für mich wichtigen Wortes. Man kann es auch nur um eines Wortspieles, einer poetischen Spielerei willen tun. Die alten (für uns alten) Dichter griffen in der Hauptsache wegen der Melodie, der Musikalität des Wortes zur Alliteration und verwendeten daher oft die mir am meisten verhaßte: die lautnachahmende. Über diese Arten von Alliteration habe ich schon bei Erwähnung des Reimes gesprochen.

Es ist natürlich keineswegs notwendig, ein Gedicht mit gekünstelten Alliterationen auszuschmücken und es durchwegs mit unerhörten Reimen zu spicken. Man denke immer daran, daß der Grundsatz der Sparsamkeit in der Kunst beständig, die wichtigste Regel jeder Produktion ästhetischer Werte ist.

Daher muß man nach Abschluß der grundlegenden Arbeit, von der ich im Anfang gesprochen habe, zahlreiche schöne Stellen und Ornamente bewußt abschwächen, um anderen Stellen größere Leuchtkraft zu verleihen.

Man kann zum Beispiel Halbverse reimen, ein schlecht klingendes Verbum mit einem anderen Verbum verknüpfen, um sie in einen großartigen, klangvoll-bombastischen Reim einmünden zu lassen.

Dadurch wird wieder einmal die Relativität aller Regeln für das Schreiben von Gedichten unterstrichen.

Zur technischen Seite der dichterischen Arbeit gehört auch das Problem der Tonart.

Man kann ein Gedicht nicht auf Wirkung im luftleeren – oder, wie das oft bei der Poesie der Fall ist, im allzu luftigen – Raum hin anlegen. Man muß stets das Publikum vor Augen haben, an das sich das betreffende Gedicht wendet. Das ist gerade heute besonders zu beachten, da die wichtigste Form des Kontakts mit der Masse Hörsaal, Tribüne, Stimme, unmittelbare Anrede sind. Je nach der

Hörerschaft muß die Tonart gewählt werden: überzeugend oder bittend, befehlend oder fragend.
Die Mehrzahl meiner Arbeiten ist im Gesprächston gehalten.
Aber auch diese Tonarten stehen, obwohl genau bedacht, nicht ein für allemal fest, sondern sind Redeweisen, die von mir beim Rezitieren je nach der Zusammensetzung meines Publikums auf Schritt und Tritt abgeändert werden. Der gedruckte Text sagt zum Beispiel etwas indifferent – im Hinblick auf einen entsprechend vorgebildeten Leser:

  Freude muß der Zukunft erst entrissen werden!

Beim Vortrag von der Tribüne verstärke ich manchmal diese Zeilen bis zum Aufschrei:

  Aufruf:
    Reiß dir Freude aus der Zukunft her!

Es wäre daher nicht verwunderlich, wenn jemand ein Gedicht in einer Form drucken ließe, die für verschiedene Stimmungen arrangiert ist und für jeden Fall besondere Ausdrücke enthält.

Wenn man ein zum Druck bestimmtes Gedicht fertig hat, muß man bedenken, wie es gedruckt aufgefaßt werden wird. Man muß die Durchschnittshaltung des Lesers berücksichtigen, man muß auf jede Weise seine Auffassung gerade jener annähern, die der Hersteller dem Verse geben wollte.
Unsere gewöhnliche Interpunktion mit Punkt, Komma, Frage- und Ausrufungszeichen ist viel zu dürftig und ausdrucksarm im Vergleich zu den Gefühlsschattierungen, die heute ein differenzierter Mensch in ein poetisches Erzeugnis hineinlegt.

Versmaß und Rhythmus eines Gedichts haben eine größere Bedeutung als die Interpunktion. Eine Interpunktion der üblichen Art wird von ihnen einfach überrannt.
Die Verse von Alexéj Tolstoí

Schibánow schwieg. Aus der Wunde am Bein
schoß das Blut in purpurnem Strahle...

werden trotz allem und von allen so vorgetragen:

Schibánow schwieg aus der Wunde am Bein...

Oder Púschkins Verse:

Nicht weiter... Schämen müßt ich mich,
das Knie zu beugen vor der stolzen Polin...[19]

die wie Kleinstadtgeplapper gesprochen werden:

Nicht weiter schämen müßt ich mich...

Um einen Vortrag zu erreichen, wie er Púschkin vorschwebte, muß man den Vers auf meine Art abteilen:

Nicht weiter...
    Schämen müßt ich mich...

Bei einer solchen Teilung in Halbverse kann es weder in bezug auf den Sinn noch auf den Rhythmus Mißverständnisse geben.

Die Aufteilung der Verse wird oft auch durch die Notwendigkeit diktiert, den Rhythmus fehlerlos einzuhämmern. Denn unsere kondensierte und sparsame Konstruktion des Gedichts zwingt oft dazu, Füllwörter und -silben hinauszuwerfen. Und wenn man hinter diesen Silben keine Pause macht (die oft größer ist als die Pause zwischen den einzelnen Versen), dann hakt der Rhythmus aus.
Darum schreibe ich

Nacht und Nichts...
    Sie fliegen...
        Sterne schürfend.

»Nacht und Nichts« steht für sich als einziger Ausdruck, der die Himmelslandschaft charakterisiert. »Sie fliegen« steht für sich, damit man nicht in Versuchung kommt, imperativisch »Sie fliegen Sterne« zu lesen, und so weiter.

Ein wichtiger Teil des Gedichts, besonders eines tendenziösen, zum Vortrag bestimmten, ist die Schlußstrophe. In der Schlußstrophe finden gewöhnlich die gelungensten Verse des Gedichts ihren Platz. Manchmal wird, nur um einen Platzwechsel zu rechtfertigen, das ganze Gedicht umgearbeitet.

Im Jessénin-Gedicht bot sich als Schlußstrophe von selbst die Umgestaltung der letzten Jesséninschen Verse an. Sie klingen folgendermaßen.

Jessénin:

Sterben ist in diesem Leben nicht gerade neu,
doch das Leben ist ja schließlich auch nicht neuer.

Ich:

Sterben ist in diesem Leben nicht gerade schwer.
Leben baun ist schon bedeutend schwerer.

Im ganzen Verlauf meiner Arbeit an diesem Gedicht war ich in Gedanken immer bei diesen beiden Verszeilen. Während ich die anderen Verse bearbeitete, kehrte ich immer wieder – bewußt oder unbewußt – zu ihnen zurück.

Zu vergessen, daß gerade das noch geschafft werden mußte, war ganz unmöglich. Ich schrieb daher diese Verse auch nicht nieder, sondern notierte sie im Kopf (wie früher alles und wie jetzt die Mehrzahl meiner schlagkräftigen Gedichte).

Daher ist es mir nicht möglich, die Zahl der Umarbeitungen zusammenzurechnen. Jedenfalls beliefen sich die Varianten dieser beiden Zeilen auf nicht weniger als fünfzig bis sechzig.

Die Methoden zur technischen Bearbeitung des Wortes sind unendlich vielgestaltig. Es hat keinen Zweck, darüber zu sprechen, da ja die Grundlage der dichterischen Arbeit, wie ich hier des öfteren gesagt habe, gerade in der Erfindung der Methoden dieser Bearbeitung besteht, und gerade diese Methoden das Schriftstellern zum Beruf machen.

Die Talmudisten der Dichtkunst werden wahrscheinlich bei der Lektüre dieses Büchleins die Stirn runzeln. Sie lieben es, fertige Poesierezepte zu verabfolgen: man nehme diesen oder jenen Inhalt, kleide ihn in dichterische Form, Jamben oder Trochäen, reime die Endungen, gebe ein wenig Alliteration hinzu, fülle mit Bildern auf – und das Gedicht ist fertig.

Eine derartig primitive Handarbeit fliegt aber heute und in Zukunft (und das ist gut so) in alle Papierkörbe aller Redaktionen.

Wer zum erstenmal zur Feder greift und nach einer Woche Verse schreiben will, der braucht mein Buch nicht.

Mein Buch braucht, wer ohne Rücksicht auf Hindernisse irgendwelcher Art Dichter sein will, und sich, wohl wissend, daß die Poesie eine der schwersten Produktionen ist, für sich selbst und zur Belehrung anderer über einige ihm geheimnisvoll erscheinende Methoden dieser Produktion klarwerden will.

Als Schlußfolgerungen:

1. Dichten ist eine Produktion. Umgemein schwer, ungemein kompliziert, aber eine Produktion.

2. Das Studium der dichterischen Arbeit besteht nicht darin, die Herstellung eines bestimmten, begrenzten Typs dichterischer Erzeugnisse zu erlernen, sondern im Erlernen der Methoden dichterischer Arbeit überhaupt, im Erlernen der Produktionshandgriffe, die wiederum helfen, neue zu schaffen.

3. Neuheit, Neuheit des Stoffes und der Technik, ist für jedes dichterische Erzeugnis unbedingt erforderlich.

4. Die Arbeit des Dichters muß zur Steigerung der Meisterschaft und zur Sammlung dichterischer Vorfabrikate Tag für Tag fortgesetzt werden.

5. Ein gutes Notizbuch und die Fähigkeit, damit umzugehen, sind wichtiger als die Fähigkeit, fehlerlos in überlebten Versmaßen zu schreiben.

6. Man soll nicht eine große Gedichtfabrik eröffnen, um dichterische Bagatellen herzustellen. Von derart unrationellem poetischem Kleinkram soll man die Finger lassen. Man soll nur dann zur Feder greifen, wenn es kein anderes Ausdrucksmittel gibt als ein Gedicht. Abgeschlossene Dichtungen soll man nur dann ausarbeiten, wenn man einen klaren sozialen Auftrag fühlt.

7. Um einen sozialen Auftrag richtig zu begreifen, muß der Dichter mitten in den aktuellen Ereignissen stehen. Kenntnis der ökonomischen Theorie, Kenntnis des täglichen Lebens, Eindringen in die wissenschaftliche Geschichtsauffassung – sie sind für den Dichter (in der grundlegenden Phase der Arbeit) wichtiger als die scholastischen Lehrbücher auf das verstaubte Gestern eingeschworener idealistischer Professoren.

8. Um einen sozialen Auftrag besser ausführen zu können, muß man an der Spitze seiner Klasse stehen, muß man zusammen mit der Klasse den Kampf an allen Fronten führen. Mit dem Märchen von der unpolitischen Kunst muß radikal aufgeräumt werden. Dieses alte Märchen taucht jetzt in neuem Gewand auf unter der Tarnkappe des Geschwätzes von den »weiten epischen Gemälden«[16] (erst episch, dann objektiv und schließlich parteilos) vom »großen Stil« (erst groß, dann erhaben und schließlich himmlisch) und so weiter.

9. Nur die Produktionstheorie der Kunst wird den Zerfall, die Grundsatzlosigkeit des Geschmacks, den Individualismus des Urteils beseitigen. Nur die Produktionstheorie wird den verschiedenen Arten der literarischen Arbeit die richtige Stelle zuweisen: dem Gedicht wie der Mitteilung des Arbeiterkorrespondenten. Sie wird an Stelle mystischer Erörterungen über ein poetisches Thema die Möglichkeit geben, exakt an die reifgewordene Frage nach der dichterischen Entlohnung und Bewertung heranzugehen.

10. Dem Vorgang der sogenannten technischen Bearbeitung darf kein Eigenwert beigemessen werden. Trotzdem ist gerade er es, der das poetische Erzeugnis gebrauchsfertig macht. Lediglich der Unterschied in den Methoden der Bearbeitung bildet den Unterschied zwischen den Dichtern. Nur Wissen, nur Vervollkommnung, Anhäufung, Variierung der literarischen Techniken machen einen zum Berufsschriftsteller.

11. Der dichterische Alltag beeinflußt ebenso die Schöpfung eines echten Werkes wie alle übrigen Faktoren. Das Wort »Bohème« ist zum Gattungsnamen für jede Art von künstlerisch-spießbürgerlichem Milieu geworden. Leider wurde der Kampf oft gegen das Wort, und nur gegen das

Wort, geführt. In Wirklichkeit haben wir aber die Atmosphäre des alten literarischen individuellen Strebertums, der kleinlichen, bösartigen Kränzcheninteressen, das gegenseitige Intrigieren, den Ersatz des Begriffs »poetisch« durch »verlottert«, »angeheitert«, »Trunkenbold« und so weiter vor uns. Sogar die Kleidung des Dichters, sogar die häuslichen Gespräche mit seiner Frau müssen anders werden und durch seine poetische Produktion bestimmt sein.

12. Wir, die LEF-Leute, behaupten niemals, die einzigen Besitzer der Geheimnisse des dichterischen Schaffens zu sein. Aber wir sind die einzigen, die willens sind, diese Geheimnisse aufzudecken, die einzigen, die das Schaffen nicht spekulativ mit künstlerisch-religiöser Verehrung umgeben wollen.

Mein Versuch ist der schwache Versuch eines Einzelgängers, der nur die theoretischen Arbeiten seiner literarisch gebildeten Genossen benutzt.

Diese literarisch Gebildeten müssen ihre Arbeit aktuellen Stoffen zuwenden und der weiteren dichterischen Arbeit unmittelbar helfen.

Aber das genügt nicht.

Die für die Aufklärung der Massen verantwortlichen Stellen müssen den vorsintflutlichen Ästhetikunterricht einmal einer gründlichen Revision unterziehen.

An Ssergéj Jessénin

Sie sind fort,
wie man so sagt,
in jene Welt.
Nacht und Nichts.
Sie fliegen,
Sterne schürfend.
Keine Ahnung dort
von Vorschuß und Getränk:
Nüchtern.
Nein, Jessénin,
ganz
im Ernst gesprochen:
Weinen
näher mir als Lachen liegt.
Sehe:
Wie den Sack
voll eigener Knochen
Ihre aufgeschnittene Hand
mit Mühe wiegt.
Halt,
genug!
Sind Sie noch bei Verstande?
Soll denn
Ihre Wangen
Totenpuder
weißen?
Anzugeben
haben Sie
ja stets verstanden,

keiner
konnte Ihnen da
das Wasser reichen.
Was war los?
Warum?
Wir schweigen in Verwirrung.
Kritisches Gemurmel:
Schuld dran sei
dies und das,
vor allem –
Isolierung,
im Gefolge
zu viel Bier und Wein.
Ferner:
hätte man
Bohème
ersetzt durch Klasse,
hätte Klasse
auf Sie eingewirkt
zum guten Ende.
Schön.
Doch löscht die Klasse
Durst mit Selterwasser?
Gegen scharfe Sachen
hat auch sie
nichts einzuwenden.
Ferner:
hätte Sie
ein »Posten«[20] streng bewacht,
hätte
Ihr Ertrag
bedeutend sich gehoben:

Täglich
hätten
hundert Verse
Sie gemacht,
lang,
zum Gähnen,
ganz so wie Dorónin.
Ich vermute:
wäre dieser Irrsinn
wahrgeworden,
hätten Sie
entleibt sich
mit noch größerer Eile.
Wenn schon,
besser dann
an Schnaps gestorben
als an Langerweile!

Was
der Grund dafür,
daß Sie entschwanden,
werden Strick
und Taschenmesser
uns nicht zeigen.[13]
Höchstwahrscheinlich,
hätte
Tinte
im Hotel gestanden,
wär kein Anlaß dagewesen,
Adern aufzuschneiden.
Plagiatoren sind erfreut:
der Nächste bitte!

Gruppenweise
schreitet man
zur Selbstexekution.
Doch warum
erhöht ihr denn
die Selbstmordziffer?
Steigert
lieber doch
die Tintenproduktion!
Ewig
schweigt nun
eine Zunge,
zähnezaunumkreist.
Fehl am Platz
ist Mystik hier geworden.
Unserm Volk,
dem Sprachenschöpfermeister,
ist ein sing-
und trinkfroher Gesell
gestorben.
Doch da schleppen sie
verblichnen Reime-Ramsch,
von dem letzten Totenfest,
noch kaum verjährt,
stumpfe Silben
in das Grab
gestampft –
ist denn das
die Art,
in der man Dichter ehrt?

Auch
Ihr Denkmal
ist noch nicht errichtet
– wirds
ein Werk aus Erz,
ein Marmor-Mal? –,
doch schon sind
vor des Gedenkens Gitter
aufgeschichtet
Souvenirs, vergilbt,
und
Widmungen, banal.
Und Ihr Name
wird in Schnupftüchlein gesabbert,
und Ihr Wort
von Ssóbinow[21] zerlabbert.
Dieser trägt,
umrahmt von dürrem Birkenflor,
»Freund, kein Wort,
keinen Seu-heufzer«
vor.
Ach,
man möchte ihm die Meinung geigen,
diesem
Lohengrinschen Leoníd,
dem schleim'gen!
Aufstehn hier
und laut dazwischenbrüllen:
»Schluß!
kein Vers wird mehr
zerkaut, zerdehnt!«

Sie betäuben
mit Dreifingerpfiffen,
schrillen,
Herrgottnocheinmal,
verdammt und zugenäht!
Daß er jäh zerstiebt,
der unbegabte Haufen,
schwarze Segel
seiner Röcke
wutgeschwellt,
daß der Kógan,
weithin
auseinanderlaufend,
mit den Schnurrbartspitzen,
wen er trifft,
entstellt.
Unkraut
ist noch
allzu gut erhalten.
Halt' euch ran –
so viel ist zu vollbringen!
Erst
muß man das Leben
neugestalten,
neugestaltet
kann man es
besingen.
Unsre Zeit
ist für den Dichter reichlich schwer.
Aber sagt,
ihr Krüppel
und ihr Krüppelinnen,

ob es jemals
großer Menschen Art
gewesen wär,
nur auf ausgetretnen,
leichten
Weg zu sinnen?
»Wort« –
so heißt der Feldherr
aller Menschenkräfte.
Vorwärts!
daß der Zeit Granaten
hinter uns
krepieren.
Mögen
ins Veraltete zurück
nur sturmgehetzte,
wirre Haare fliegen.

Unser Erdball
gibt an Frohsinn
nicht viel her.
Freude
muß der Zukunft erst
entrissen werden.
Sterben
ist in diesem Leben nicht gerade schwer.
Leben baun
ist schon
bedeutend schwerer.

1926

Anmerkungen des Übersetzers

1 Eine Gruppe von Dichtern unter der Führung von Schklówski, die die »Opojas« (Abkürzung für »Gesellschaft zur Erforschung der poetischen Sprache«) gründeten.

2 Anfang von Púschkins »Jewgéni Onégin«. Die beiden unmittelbar vorhergehenden Zitate entstammen ebenfalls dem ersten Kapitel dieses Werkes.

3 Geórgi Arkádjewitsch Schengéli, geb. 1894. Das Werk, welches Majakówski hier und im folgenden meint, ist die »Russische Verskunde« (erschienen 1921).

4 Nikolái Iwánowitsch Lobatschéwski (1793–1856), berühmter russischer Mathematiker, Schöpfer einer »nichteuklidischen« Geometrie.

5 »Allrussisches Komitee der Eisenbahner«, eine reaktionäre, aus Menschewiken und Sozialrevolutionären zusammengesetzte Organisation.

6 Anfang des »Linken Marsches«.

7 Nikolái Iwánowitsch Gretsch (1787–1867), Grammatiker, Literarhistoriker und Journalist.

8 Anfang eines Gedichts von Lérmontow.

9 Russisches Volkslied.

10 »Wissenschaftliche Organisation der Arbeit«.

11 Aus Pasternáks Gedicht »Marburg« (Almanach »Frühlingssalon der Dichter«, Moskau 1918).

12 Abkürzung für den Verband »Linksfront der Künste«.

13 J. beging am 27. Dezember 1925 im Hotel »Angleterre« in Leningrad Selbstmord, indem er sich die Pulsadern aufschnitt und sich anschließend erhängte. Majakówskis Gedicht »An Ssergéi Jessénin« und sein Aufsatz »Wie macht man Verse?« entstanden im Anfang des Jahres 1926.

14 Gorkis »Nachtasyl«, 1. Aufzug.

15 Neue Ökonomische Politik.

16 Ein von der »Vereinigung revolutionärer Künstler« geprägter Ausdruck.

17 Der richtige Titel des Dorónischen Gedichts lautet »Der Traktorpflüger«.

18 Aus Brjússow: »Dem Dichter«.

19 Aus Púschkins »Boris Godunów«.

20 Mitarbeiter der Zeitschrift »Auf Wachposten«, die von dem »Allrussischen Verband proletarischer Schriftsteller« herausgegeben wurde.

21 Leonid Ssóbinow, bekannter Opernsänger.

Gedichte

Übertragen von
Hugo Huppert

Tannennadeln

Nein, bittet nicht, laßt!
Keine Weihnachtstanne!
Nein, schickt den Vater nicht
in den Wald!
Mißtraut dem Wald
und dem bösen Manne,
der hinterm Wald Granatfäuste ballt.

Nein, es geht nicht.
Den Putz in blitzblanken Flittern
wollen wir heut
nicht in Watte betten.
Weil sonst Getroffne,
von tödlichen Splittern
Verwundete dort keine Watte hätten.

Nein, keine Kerzen.
Entsagt den Lichtern.
Vom Weltmeer steigen
die eisernen Drachen,
drin lauern Menschen
mit bösen Gesichtern,
ob Lichtlein in unseren Fenstern wachen.

Nein, sagt nicht,
der Weihnachtsmann solle kommen
mit seinem Sack
voll prächtiger Sachen.
Die Fabrik hat den Mann
in Beschlag genommen,
die Fabrik, wo sie Pulver und Kugeln machen.

Nein, keine Musik
wird diesmal erschallen.
Wie soll denn der armlose Musiker
fiedeln?
Bruder Flötist
ist im Felde gefallen,
so mußt er ins Himmelreich übersiedeln.

Nicht weinen. Was hilfts denn?
Verzieht nicht das Mündchen!
Bald wird die dunkle Welt
sich entschleiern.
Bald muß alles anders werden,
ihr Kindchen.
Dann werdet ihr fröhliche Weihnachten feiern.

Ein Tannenbäumchen wird dastehn,
ein mächtiges,
behängt mit Schmuckzeug
im Überfluß.
Das wird ein Fest sein,
ein wunderprächtiges,
ergötzlich – fast bis zum Überdruß.

1916

Unser Marsch

Poltert auf Plätzen den Marsch der Empörung!
Hoch, stolzer Häupter wogendes Feld!
Wie einer zweiten Sintflut Verheerung
waschen wir wieder die Städte der Welt.

Träger Tage Trott:
der Jahre Büffelgespann.
Wettlauf rührt als Gott
des Herzens Trommel uns an.

Wo glänzt lichteres Gold zu den Himmeln?
Rührt uns der Kugeln Wespengesang?
Unsere Waffen sind unsere Hymnen.
Unser Gold – unsrer Stimmen Klang.

Grüne Wiesen hell,
die Ruhstatt der Tage seid!
Regenbogen, schnell
nimm auf die Rosse der Zeit!

Seht des Sternhimmels schale Heerscharen!
Ohne ihn winden wir Lieder zum Kranz.
Ahoi, Großer Bär! laß zum Himmel uns fahren
so wie wir sind: lebendig und ganz!

Frohsinn! Frühjahr! Tag!
Herz, pulse ihn, sing und saug!
Schwing den Schlägel, schlag
des Busens Kupfergepauk!

1917

Gute Behandlung der Pferde

Hufe hieben
die alte Weise:
»Gripp,
grub,
grob,
Grab.«

Winde rieben,
beschuht vom Eise,
die schlüpfrige, steile
Straße ab.
Da kracht auf die Kruppe
einer der Gäule.

Am Kusnjezki-Most
staun sich schon gaffende Mäuler.
Die Hosen schlappern ihr Glockenmaul,
Gelächter klimpern
vor Langerweile:
»Ein Gaul ist gestürzt!«
»Gestürzt ist ein Gaul!«

Der Kusnjezki lachte.
Nur ich allein
trat hin
und tat keinen Ton ins Geheule.
Ich schaute
in die Augen des Gauls hinein...
Und kopfstand, umstürzend, die Straßenzeile...

Trat hin, sah:
Träne um Träne träuft,
rinnt über die Backen,
versiegt in der Mähne ...
Und tierische Schwermut,
die überläuft,
brach strömend aus mir
in verrauschender Strähne.

»Mein Pferd, nicht weinen.
Ich kenne die Beschwerde –
Wer sagt Ihnen denn, Sie sei'n weniger wert?
Kindchen,
wir alle sind ein wenig Pferde,
jeder von uns ist auf seine Art Pferd.«

Vielleicht, weil es
– bejahrt –
keine Amme mehr brauchte,
vielleicht fand es meine Zumutung
würdelos, –
kurz,
das Pferd
gab sich einen Ruck,
trat aufs Bein, aufs verstauchte,
wieherte laut
und ging los.

Es schwenkte den Schweif.
Ein Kind, ein rothaariges –
heiter gings heim
in den Stall, wo es wohnte.

Ihm war nun, es wär noch
ein Fohlen, ein fahriges –
und es lohnte zu leben,
und zu arbeiten lohnte.

1918

Deutschland

Dir, Deutschland,
dies Wort.
Nicht Rapallo wird verhandelt.
Keine Staatshandelsbelange
stehn auf dem Tapet.
Niemals,
niemals hab die Zung ich verschandelt
zu förmlich-höflich-leerem Gered.
Nie fragt ich,
was Wilhelm,
was Nikolaus kriege;
bin für hadernde Kaiser kein Schiedsgericht.
Gleich zu Anfang
erklärt ich
den Krieg dem Kriege,
spie dem Völkermord
meine Reime ins Gesicht.
Ganz in demokratischen Speichel zerfließend
marschierte Kerenski mit donnerndem Geschütz.
Ich stimmte im Juni
gegen das Schießen,
hab euch
vor drohenden Geschossen
geschützt.
Und als,
mit geballten Regimentern andrängend,
Franzosen und Briten euch würgten am Ende,
erhoben wir die Stimme
in Freiheitsgesängen
und reichten euch frontheiß Verbrüderungshände.

Heute
beschreite ich,
Deutschland, deinen Boden,
meine Liebe zu dir
blüht und lodert in Oden.
Ich sah –
die erstarrten Werften an der Oder,
ich sah –
die erstorbenen Fabriken stumm.
Und doch, –
ich glaub nicht
an Bahrtuch und Moder.
Dich, Deutschland,
bringt man nicht um.
Längst
abgestreift hab ich
die Lumpen der Nation.
Bettelarmes Deutschland,
vernimm –
ich leih
wie ein Deutscher,
wie dein eigenster Sohn,
deinem Schmerz meine Stimm.

Arbeiterlied

Wir säen,
wir mähen,
wir schmieden,
wir weben.

Sklaven des allmächtigen Stinnes.
Wir sind noch nicht tot,
paßt auf, wir leben,
wir kommen – gesammelten Sinnes.
Die Geschichte grinst,
ist zum Schieber geworden.
Die Alte steht still. Sie lügt, seht euch vor.
Wir kommen noch.
Kommen vom Berliner Norden
durch den Wilhelmsbogen im Brandenburger Tor.

Sie haben die Dollars.
Der Sieg hat gelohnt.
Aus Hotelportalen Unter den Linden
wälzt sich ihr Bauch
wie der volle Mond,
sie mästen sich, sie, die unsre Leiber schinden.
Nur Ruhe, Genossen, der Abrechnung zuliebe –
für alles;
Krieg,
Nachkrieg
und blutige Mache –
mit all den Herrschaften
hüben und drüben –
die Abrechnung kommt: unsre rote Rache...
Das Knie auf der Kehle.
Unser Brüllen verhallt,
erstickt in Krampf und Atembeschwerden...
Wir wissen, unter wessen Last und Gewalt
die Deutschen noch aufstehn werden.

Wir
ziehn noch
durch Berlin in fröhlicher Feier.
Rote Fahne,
langersehnte,
laß dem Winde dich weihn!
Rotes Lied
aus den Fenstern bei Schulz, Müller, Meyer –
sei Antwort
vom Westen,
vom freien
Rhein!
Dies schenk ich dir,
Deutschland,
keine Dollars herzählend,
ein Lied – trotz Hungers und Defizits.
Nun ja,
du und ich,
wir zwei sind heut elend, –
doch mir ist dieses
der höchste Besitz!

1922–1923

Zweierlei Berlin

Im Wagen
den Kurfürstendamm hinsausend,
reiß ich die Augen auf:
sonderbar –
ja, Deutschland
hat sich entschieden gemausert,
so wars noch nicht
im vorigen Jahr.
Zunächst erscheint
mir alles glatt:
hier wird nicht gegreint;
der Deutsche ist satt,
Galt früher
der Dollar
als blendendste Strahlung,
heißts jetzt:
»Wir nehmen nur Reichsmark in Zahlung.«
Heut stiefelt
der Deutsche
schon nackenstark;
jüngst
rann er noch scheu
wie ein Wässerlein.
Das macht, jawohl,
die gefestigte Mark,
sogar
sein Grinsen
ist Marmorstein.

Doch halt!
wenn gesättigte Fratzen
sich röten –
wozu ist denn
überall
Schupo vonnöten?
Ich schlendre
durchs Arbeiterreich
Berlin-Nord.
Die Not
gibt hier allem
sein mageres Maß.
Hier heißts:
»Die Wolfs...
ja, Doppelselbstmord...
samt Kindern...
vor Hunger...
vergiftet durch Gas...«
Das dummste Gör,
wenns verwundert hier wandert,
wird sicher aus allem
den Ratschluß ziehn:
Hier muß es zur Welt kommen,
hier,
ein andres,
ein besseres,
drittes,
ein Rotes Berlin!
Nicht lang wirds
in Kerkern und Vorstädten nisten,
es bricht durch die Sperren,
es kommt bestimmt.

Erste Vorbotschaft:
für die Kommunisten
haben
drei Millionen gestimmt!

1924

Notre-Dame

Andre Gebäude
liegen als Kruste Schmutz
auf meinem Gedächtnisbild
von Notre-Dame.
Ein Dreimaster »Gestern«
voll Hoheit und Trutz,
der am Ufer der Zeit
zum Stranden kam.
Der Torflügel dreht sich –
schwermütige Last,
Gallerte aus Erz,
erbarmungslose.
Hier Nonnenlippen –
beamtete Hast.
Wir treten
ins innre Grandiose.
Ich las Inschriften,
des Domes Dekor,
besah alles Gottvolle, Majestätische.
Ich stieg ins Parterre,
erklomm das Chor,
sah frommen Hausrats
Gerättische.
Dann trat ich ins Freie.
Der weibliche Guide
krauste des Mündchens Erotik,
piepste:
»Wie finden Sie diese splendide
Baukunst?
Ich mein – unsre Gotik!«

Ich überlegte
und überschlug:
»Unser Waßka
ist plumper und massiger.
Als Klubheim
sind beide
nicht hell genug, –
das sahn sie nicht vor,
all die Klassiker…«
Dem Laien in mir
imponiert nicht der Stil.
Ich bin nicht vom Moder besessen.
Doch gut scheint mir
dies geschnitzte Gestühl,
da wird kühl
und bequem gesessen.
Solch Sesselwerk
heischt keinen Umbau morgen,
es taugt zur Not,
ohne Skrupel.
Die Kirchen bei uns:
weder Stühle noch Orgeln,
kein Komfort,
nur Kuppel an Kuppel.
Ein Orchester wär besser,
doch kostets zuviel –
mit dem Geld
wirds anfangs wohl hapern.
Weit billiger stellt sich
das Orgelspiel,
wenn die Tasten auch
tagelang klappern.

Der Spielplan freilich
kriegt einen Riß:
jetzt Tänze!
kein mönchisches Schnaufen!
Es kann doch
im staatlichen Filmtrust, Paris,
kein geistlicher
Bockmist
laufen.
Kein Ahnengewölb,
sondern Schönheit sei
bemüht um die Lichtspielreklame.
Elektrische Spruchbänder,
krönt die Abtei!
Dem Film deine Front,
Notre-Dame!
Blitzflimmern soll
»Das Zeichen Zorro«
mit leuchtenden,
laufenden Lettern.
Weit übern Boulmich
soll das sprühn.
und zwar so,
daß alle Fassaden schmettern!
Und schmückt man
mit Glühbirnen obendrein
die Glotzaugen all der Schimären,
so wird das
ein Dom der Triumphe sein
und die Kassenerfolge
vermehren.

Gebt acht,
daß der Aufstand
die Steinkiste schirmt!
Beim Schießen
ist Schonung zu üben!
Zumal an dem Tag,
da das Werkvolk stürmt
die Präfektur
schräg drüben.

1925

Das Adieu (Kaffeehaus)

Gewöhnlich sagt
unser Idiom:
Alle Wege führen nach Rom.
Doch schwöre ich:
auf Montparnasse
kommt dieser Spruch nicht zupaß.
Stammt man aus Rom
oder nicht aus Rom, –
man geht ins »Rotonde«
oder ins »Dôme«.
Das zieht noch immer,
wie's jahrelang zog,
ins Café.
Das ist unsrer Tage Refrain.
Auch ich trete ein:
»Garçon, un grog –
américain!«
Und Worte
und Lippen
und Backen und Kinne
verschmolzen
zu Café-Getösen.
Erst mählich
begannen im Lärm
sich Sinne
und Sätze herauszulösen...
– »Hier ging
Majakowski
unlängst vorbei,

er hinkt
und wird immer gelber.«
– »Wer war sein Begleiter?«
– »Der Nikolaj.«
»Der Großfürst?«
– »Jawohl, er selber.«
– »Der Großfürst?
Ach, nein, Sie machen Spaß.
Majakowski ist rundlich und trägt nen Pelz…
Er dient der Tscheka.
Er sprengt mal noch was…«
– »Ja, was?«
– »Das Boulogner Gehölz.
Ach ja, dieser Mischka…«
– »Halt, Lügenmaul!
Sie sind im Erfinden
ein Pfuscher.
Er heißt nicht Michail,
sondern Paul.«
Oft sagt ich zu ihm: ›Pawluscha, –‹
Da war seine Gattin,
die Herzogin,
brünett und hübsch,
an die dreißig…«
Der andre schwor,
daß ich Junggesell bin.
Nein: Zarin-Liebhaber heiß ich.
– »Die ist doch erschossen!…«
– »Ja, schwören Sie drauf?«
Des Faselers
Polsterhand winkte.
– »Majakowski hat sie ja losgekauft,

worauf sie
Woronow verjüngte!«
Ein Vernunftmensch sagte:
»Ach, dumme Geschichten!
Der Mann ist Poet
und lebt vom Dichten.«
»Nun, ja«, ergänzten zwei Abgefeimte,
»Ende siebzehn
beschlagnahmte die GPU
den gesamten Nekrassow,
und alles Gereimte
schanzte sie
dem Majakowski zu.
Sie glaubten, er selbst dichte?
Alles – Plagiat!
Jedes Komma geklaut!«
– »Ist's möglich?«
– »Er holt den Nekrassow,
verkloppt ein Zitat –
für zehn Tscherwonzen täglich...«

Ihr Kupplertanten,
Gevattrin Sophie!
solch Kerl – nicht auf Freiersfüßen?
Ein Mann mit solch einer
Biographie –
und fand nicht
zum Ehstand, zum süßen?!
Paris,
du Zeitalter-Hauptstadt
du ewige,

dich ekelts
vor dem Emigranten-Gequatsch.
So sperr doch
das Schwätzergezücht
in Käfige,
sonst wirst du noch
Provinz –
aus Trübsinn und Tratsch!
Ich verließ das Kaffeehaus
und dachte: »Verflucht!
euch wünsch ich zu allen Teufeln!
Nicht jede Lüge
stirbt auf der Flucht,
und mancher glaubt:
klug sein heißt zweifeln.«
Merkt auf, ihr Leser! Bleibt unverdorben!
Sagt jemand,
ich wäre mit Churchill intim
und hätte um Coolidges Tante geworben,
so bitt ich:
mißtraut nicht mir,
sondern ihm!

1924

Ich bin Zeuge

Indianer sind komische Wunder:
gefiedert,
weltfremd,
im Erlöschen.
Sie kommen aus früherm Jahrhundert
im Klirren
der »Pennsylvania Station«.
Präsidenten
reichen ihnen drei Finger.
Die Hollywood-Reporter
kurbeln geschwind.
Man hebt sie aufs Dach
in den Ausspeisungs-Zwinger.
Tief drunten
die Straßen, die schnurgeraden Dinger,
schnurren voll Kurzweil
im New-Yorker Wind.
Was nennen sie Glück?
Und was – Mißgeschick?
Wo denken sie hin?
Und was sucht ihr Blick?
Sie denken:
»Sieh mal – das Kapital!
Türmt seine Stadt in die Wolken.
Alles dies
gehört *uns* einmal
im Sozialismus:
dem Volke
Kämpfe wirds geben
und Kugeln wirds regnen.

Dann Schluß!
Weder Feindschaft noch Obrigkeit.
Nur stille Idylle,
ein Singen und Segnen,
lunatscharskische Frucht der Oktobrigkeit.
Das Meer,
unter anderen Schiffskursen
schäumend,
wird freundliche Kauffahrer schaukeln,
von sanften
Gedichtübertragungen
träumend
das lyrische Moskau vorgaukeln.
Im Rundfunk,
kaum deckt Nacht
jeden Krimskrams,
wird Mutter Wahrheit auftönen.
Sie kommt
und erzählt den Bewohnern des Wigwams
vom Leben, vom Guten und Schönen.
Zur Wahrheit
heben dann all unsre Rothäut
den Stolz ihrer Stämme
wie Fahnen...«
Doch wozu lügen?
Sie sind noch nicht rot heut,
noch weit entfernt, was zu ahnen.
Der Indianer denkt:
»Wo der Brückenbogen...
im Maul der Nacht...
vorm Bleichgesicht-Januar...

da tanzte Großvaters Kanu
auf den Wogen,
des Skalpjägers ›scheckiger Jaguar‹.
Und dort,
wo der Dollar-Dom Wolken kratzt
und Millionen Kilowatt verbraucht,
stand einst
unser Kriegsgott,
der grinsende Fratz
mit riesigem Kopf und Bauch.
Und was jetzt gespielt wird
rundum und um,
was in Stahlbetonquadern wächst,
ist des weißen Erzteufels
Heidentum,
das Werk der Übersee-Hex.
Ich triebe sie waldwärts,
die weißen Kobolde,
ein Speer-Wind,
ein Pfeil-Orkan bliese...«
Probiers,
unterzieh diese ungehobelte
Mär
einer Klassen-Analyse!
Das menschliche Denken
vollzieht sich meist schwieriger
als seine Spiegelung
durch unsere Lyriker.
So schütteln die Sioux
ihr Sonntagsgefieder
über der gaulhaften Schnauz,

begraben die Streitaxt
und gehen wieder,
was bleibt ihnen übrig?
Sie legen sich nieder
und sterben (einstweilen!) aus.
Einen neuen Propeller
der Aufklärung nimm
und steure dem Rassenhasse.
Komintern,
du steure
den ratlosen Grimm:
Die Rasse
kämpfe als Klasse!

1926

Das beste Gedicht

Aus dem Saale
regnets
verfängliche Fragen,
man beschießt mich mit Zetteln,
man schont mich nicht.
»Genosse Majakowski,
bitte
noch was vorzutragen,
sprechen Sie bitte
Ihr bestes Gedicht.« –
Auf den Tisch gestützt,
denk ich:
Nun lies –
und wähl was Würdiges,
Schönes!
Doch welches verdient den Vorzug?
Dies?
Oder nein,
vielleicht jenes?
Ich krame
im Vers-Vorrat
hin und her,
der Saal blickt
wartend
empor;
da kommt
des »Nordarbeiters«
Zeitungssekretär

und flüstert mir
was
ins Ohr...
Da schnarr ich
(mein lyrischer Ton ist mißraten)
als schmetternde
Jericho-Schalmei:
»Genossen!
von Kantoner
Arbeitern und Soldaten
erstürmt ist
Schanghai!«
Wie wenn man
in Händen
Dachblech knüllt,
kracht Klatschen
und Beifalls-Braus.
Eine Viertelstunde
ist lärmerfüllt
vom Jaroslawler
Applaus.
Nach China
stürmts
über Tausende Kilometer
als Antwort
auf Chamberlains Geschrei.
Sein Dreadnought,
noch droht er,
nein, schon dreht er
den Stahlrüssel weg
von Schanghai.

Ich sage:
das gesamte
Musengeseich
samt schönstem Dichterruhm
ist Quatsch.
Mit der schlichten
Zeitungsmeldung –
kein Vergleich
wenn Jaroslawl
ihr derart
Beifall klatscht.
O Solidarität!
Kitt der Arbeiterschaft,
stärker
als der Bienen
Gemeinde
im Juni-Juli!
Klatsch Beifall, Jaroslawler
Tuchweber und Ölmühlenwerker,
dem unbekannten
Bruder –
dem chinesischen Kuli!

1927

Gespräch mit dem Genossen Lenin

Im Schwall von Geschäften,
Erscheinungen, Plänen
verdämmerte langsam der Tag
und entschwand.
Zwei sind im Zimmer:
Ich
und Lenin –
er als Photo
an weißer Wand.
Sein Mund geöffnet,
die Rede umspannend,
des Schnurrbarts
Strupphaare
leicht gesträubt.
Die Stirn,
Gedanken
in Falten bannend,
sehr groß: eine Stirn,
die die Welt umschreibt.
Dort ziehn
unter ihm
wohl tausendmal Tausend...
ein Fahnenwald...
flatterndes Händeheben...
Froh stand ich auf.
In den Ohren brausend
ein Drang,
zu grüßen,
Rechenschaft zu geben!

»Genosse Lenin,
ich will Ihnen berichten,
nicht als Beamter,
eher als Sohn.
Genosse Lenin,
ein gigantisches Verrichten
steht uns bevor,
und wir meistern es schon.
Wir erleuchten,
wir bekleiden
die besitzlose Klasse,
wir steigern
die Förderung
von Kohle und Erz.
Daneben starrt
freilich noch
eine Masse
von allerhand
Blödsinn und Lumpenkommerz.
Man wird müd,
mit dem Gaunerzeug rumzuraufen.
Seit Sie fort sind,
vermehrt sich
das Pack allerdings.
Sehr viele
verschiedene Schurken
laufen
auf unserm Boden herum
und rings.
Von Typen
unzählbar
und unbenamst,

wird uns
ein Bilderbogen
entrollt:
Bürokrat,
Spekulant
und Großbauernwanst,
Sektierer,
Kriecher
und Trunkenbold.
Da schreiten sie,
die Geblähten
und Vornehmen,
gespickt
mit Füllfedern und Abzeichen,
einher.
Gewiß,
wir werden sie
uns kräftiglich vornehmen,
doch mit allen
fertigzuwerden,
ist entsetzlich schwer.
Genosse Lenin,
in der Kornfelder Samen,
in Betrieben
voll Wetteifer,
Maschinenlärm
und Dampf
vollzieht sich,
Genosse,
in Ihrem Geist
und Namen

unser Denken,
unser Dasein,
unser Leben,
unser Kampf!«
Im Schwall von Geschäften,
Erscheinungen, Plänen
verdämmert langsam der Tag
und entschwand.
Zwei sind im Zimmer:
ich
und Lenin –
er als Photo
an weißer Wand.

1929

Mit aller Stimmkraft
Vorspruch zu einem Poem

Ihr Nachkommen,
verehrte Genossen Enkel!
Durchwühlt ihr einst
der Jetztzeit
Kot-Petrefakt
und studiert unsrer Tage dunkles Gesprenkel –
vielleicht wird dann auch
nach mir gefragt.
Und vielleicht erklärt euch drauf
euer Gelehrter,
ein gar gelehrsamer
und aufgeklärter:
»– da war mal der Sänger,
der ausgekochte,
der ungekochtes Wasser nicht mochte…«
Professor, nehmen Sie Ihre Zweirad-Brille ab!
Ich geb einen Selbstbericht,
bündig und knapp.

Ich, der Assanierer
mit dem Stadtsprengwagen,
den die Revolution mobilisierte und entsandte,
kam zur Front
aus den herrschaftlichen Gartenbauanlagen
der Dichtkunst,
jener launischen Tante.

»– Hab den schönsten Blumengarten,
süßes
Kindchen,
treues
Männchen.
Will die Blümchen selber warten
und begießen aus dem Kännchen.«
Kanne-Gießer, schwenk die Kann!
Spießer-Lippen,
prustet Lyrik!
Welcher Teufel euch ersann!
Tropf, wer euch ertragen kann –
herzlich-zierlich, schmerzlich-schmierig!
Gibts denn keine Seuchensperre
für das falsche Schmachtgeplärre?
Mandolinen, tingel-tang-
klingelklang …
Fragwürdige Ehre,
wenn aus solcher Art Rosen
mein Bildwerk zum krönenden Gipfel aufstieß –
im Stadtpark,
bespien von Tuberkulose,
von Hure, Rowdy
und Syphilis.
Auch mir
wächst die Agitpropkunst
zum Halse heraus,
auch ich
schriebe
Goldschnitt und Fliederstrauß, –
das wär was
für Scheckbuch und Seele.

Doch ich
bezwang mich,
trat
bebenden Hauchs
dem eigenen Lied
auf die Kehle.
Genossen Nachkommen,
Achtung!
– hier der Richtpunkt!
Der Agitator,
der Anführer,
der Schreihals gibt Bericht.
Übertäubend
die rauschenden Ströme der Dichtung
überschreit ich
der Gedichtbändchen
papierne Schichtung –
wie ein Lebender,
der mit Lebenden spricht.
Ich komm zu euch
in kommunistische Ferne-Zeiten
nicht mit Jesseninschen,
romanzenheldischen Verzierungen.
Mein Vers
wird der Jahrhunderte Gebirgshöhn
überschreiten
und euch erreichen
über Köpfe
von Poeten und Regierungen.
Mein Vers gelangt ans Ziel,
doch nicht gewichtlos, halb erloschen, –

nein, nicht wie Amors Pfeil,
anakreontisch-federleicht,
nicht wie zum Münzenforscher kommt
der abgegriffne Groschen,
nicht wie das Licht
verstorbner Sterne uns erreicht.
Mein Vers durchbricht
mit Müh
die Jahre, die gestauten,
und zeigt sich
griffig,
deutlich derb,
nicht zu bestreiten,
wie bis zum heutigen Tag
die Wasserleitungsbauten
der Sklaven Roms
noch stehn und Wasser leiten.
Grabt ihr im Hügelgrab der Bücher,
drin der Vers still ruht,
und stoßt auf brockenharte Zeilen,
stahlbeschaffen,
nehmt sie voll Achtung
in die Hand
und prüft sie gut,
als alte,
aber furchtbar starke Waffen.
Mein Wort
ist nicht
der süße Ohrenknecht.
Da gibts kein Mädchen-Öhrlein
unterm Kringel-Haargeflecht,

dem ich mit Zötchenkram
je Anlaß zum Erröten gab.
Parade meiner Blätter
– wie vorm Schaugefecht –,
ich schreite
ihre Zeilenfronten ab.
Bleischwer gereihte Verse
blicken auf,
bereit zum Tod
wie zu des Weltruhms Fackelzündung.
Poeme stehn »habt acht!«
und pressen Lauf an Lauf
mit ihres Titels
drohend offner Mündung.
Die liebste Waffengattung,
die gewitzte,
in heißer Faust
geschärfter Reime Griff,
die Kavallerie
gespitzter Geistesblitze
ist johlend sprungbereit
mit Schwung und Schliff.
Und all
die Truppenmacht
rasanter und brisanter Rhythmen,
die zwanzig Jahre
Sieg um Sieg
erhöhten,
will bis zum allerletzten Blatt ich
dir nur widmen,
nur dir,
dem Proletarier des Planeten.

Des Arbeitsmanns
und seiner Riesenklasse Feind
ist *mein*
erklärter Feind
und wars schon frühe.
Denn unter roter Fahne
hat uns längst
vereint
manch Hungertag
und manch ein Jahr der Mühe.
Wir öffneten
Karl Marx,
wohl Band um Band, –
so öffnen wir
daheim
die Fensterladen;
doch hätten wir
auch ohnedies erkannt,
wo unser Feind lag,
wo die Unsern lagen.
Die Dialektik
lernten wir
nicht grad bei Hegel;
mit Kampfgeprassel
brach sie in den Vers,
als wir
den Bürger schlugen
durch Umkehr der Regel,
laut welcher er
uns schlug
vorerst.

Wenn witwenhaft-untröstlich
dem Genie
Frau Gloria folgt
und Trauermärsche spielen, –
so stirb, mein Vers,
als Mann der Infanterie,
wie unsre Braven
namenlos
bei Sturmangriffen fielen!
Ich pfeif
auf Zentner-Bronze und Skulptur-Zement,
ich spotte
jedes glorienglitschigen Marmor-Visums
Wer ficht um Ruhm? –
er bleibt im Werk präsent!
(ists doch der Kreis, wo man sich kennt)
wohlan, so werd uns
zum Gemeinschaftsmonument
der hart
in Kämpfen
auferbaute Sozialismus.
Nachkommen, angelt ihr am Lethefluß,
prüft immer
das Lexikon,
den angeknüpften Schwimmer:
auftaucht manch Wörter-Rest
wie »Hure«,
»T-b-c«.
»Blockade«.
Dich liebend,
junges Volk,
gesund und aufgeweckt,

hat der Poet
den Schwindsuchtspeichel aufgeleckt
mit der gerauhten Zunge der Plakate.
Gleich eines Urzeit-Riesen
Saurier-Schweif
werd ich in deiner Zeit
museumsreif.
Genosse Leben,
daß den Rest der Tage
allerflottest
in Planjahrfünften
du mit uns
zum Ziele trottest!
Die Verskunst
füllte nie mit Rubeln
meine Taschen,
und in mein Haus
kam keine Mahagoni-Zierde,
und außer
einem Hemde, frisch gewaschen,
hab ich,
auf Ehre,
keinerlei Begierde.
Erschein ich einst
in lichter Zukunft
vorm Parteigericht,
über der Bande
dichtender
Betrüger, Schieber, Kriecher, –
heb ich
als bolschewistisches Parteibuch
hoch ins Licht

all meine
hundert
gut parteigetreuen Bücher.

1930

Kleine Schriften

Übertragen von
Willi Reich

Das Theater, das Kino und der Futurismus

Der große Angriff, den wir im Namen der Kunst der Zukunft, im Namen der futuristischen Kunst in allen Bereichen des Schönen eingeleitet haben, wird und kann nicht haltmachen an der Schwelle des Theaters.

Der Haß gegen die Kunst von gestern, gegen die in der Malerei, in der Poesie und auf der Bühne gezeigte Nervenschwäche, gegen das zwecklose Herausstellen kleinlicher, lebensferner Fälle, nötigt mich, einen Beweis der unfehlbaren Durchsetzung unserer Ideen vorzubringen, die sich nicht in lyrischem Pathos vollzieht, sondern, nach Art der exakten Wissenschaft, durch Analyse der Beziehungen zwischen Kunst und Leben.

Und die Verachtung, die ich den gegenwärtigen »Kunstzeitschriften« gegenüber empfinde, auf deren trübem und törichtem Grunde unverständliche Fremdwörter wie Fettaugen schwimmen, läßt mich meiner aufrichtigen Befriedigung Ausdruck geben, daß mein Aufsatz in einer technischen, der Kinematographie gewidmeten Zeitschrift erscheint.

Ich behandle die folgenden beiden Fragen:

Ist das zeitgenössische Theater Kunst? Kann dieses Theater sich der Konkurrenz des Kinos erwehren?

Das mit Maschinen von Tausenden von Pferdekräften ausgestattete städtische Leben hat es jetzt ermöglicht, daß die materiellen Bedürfnisse durch eine tägliche Arbeit von sechs oder sieben Stunden befriedigt werden können, und die Intensität und Spannung des modernen Daseins haben mit großem Nachdruck die Notwendigkeit jenes freien Spieles der geistigen Kräfte hervorgehoben, das das Wesen der Kunst bildet.

Dies erklärt das außerordentliche Interesse, das der moderne Mensch der Kunst entgegenbringt. Aber wenn die Arbeitsteilung eine besondere Gruppe von Menschen hervorgebracht hat, die sich mit dem Schönen befassen, wenn zum Beispiel der Maler nicht mehr den »Reiz trunkener Dirnen« darstellt, sondern mit seiner Kunst der Gesellschaft dienen will, so muß er der Allgemeinheit sagen, unter welchen Bedingungen seine, notwendig individualistische Arbeit sich in ein der Gesellschaft nützliches Produkt verwandelt.

Der Maler, der die Diktatur des Auges verkündet hat, hat Lebensrecht.

Nachdem sie die Farbe, die Linie und die Form als selbständige Elemente erklärt hatte, eröffnete sich die Malerei den Weg ewigen Fortschritts.

Diejenigen, die feststellen, daß das Wort, sein Profil und seine Klanggestalt das Aufkeimen der Poesie bedingen, haben Lebensrecht. Sie haben den Weg zur ewigen Blüte der Poesie entdeckt.

Aber hat das Theater, das bis zu unserem Auftreten nur eine künstliche Verkleidung aller anderen Kunstformen war, auch das Recht auf ein selbständiges Dasein als eigene Kunstgattung?

In unserer Zeit ist die Inszenierung eines Theaterstückes die bühnentechnische Leistung eines Malers, der zu diesem Behufe seine eigenständige künstlerische Arbeit aufgibt und eine rein zweckbedingte künstlerische Praxis ausübt. Unter diesem Gesichtspunkt kann das Theater nur ein geringer Nebenzweig der Kunst sein.

Der andere Aspekt des Theaters ist das »Wort«. Aber auch hier ist die Wirkung des Szenischen weder durch die innere sprachliche Entwickung bedingt, noch durch den Einsatz

des Wortes als Mittel, moralische oder politische Ideen auszudrücken. Auch in dieser Beziehung ist das zeitgenössische Theater für das Wort und für den Dichter von untergeordneter Bedeutung.
Daher war das Theater vor unserem Auftreten als selbständige Kunst nicht vorhanden. Aber kann es je gelingen, in der Geschichte ein Anzeichen zu entdecken für die Möglichkeit des Theaters, ein selbständiges Leben zu leben? – Ganz gewiß!
Das Theater Shakespeares kannte keine Dekorationen. Törichte Kritiker haben diese Erscheinung dem Umstand zugeschrieben, daß man damals die Kunst der Inszenierung noch nicht kannte. Aber gab es denn nicht zu jener Zeit eine Hochblüte der realistischen Malerei? – Und sind beim Passionsspiel in Oberammergau die Worte etwa nicht streng metrisch gegliedert?
In Wirklichkeit können alle diese Erscheinungen nur als eine Vorahnung der eigentlichen Schauspielkunst aufgefaßt werden, bei der die Betonung eines selbst unbedeutenden Wortes und die zwar vorausbestimmten, im Rhythmus aber freien Bewegungen des menschlichen Körpers die tiefsten inneren Vorgänge ausdrücken.
So wird die neue freie Schauspielkunst beschaffen sein!
Indem die gegenwärtige Schauspielkunst nur eine photographische Nachbildung des Daseins darbietet, ergibt sich der folgende Widerspruch: Die ihrem Wesen nach dynamische Kunst des Schauspielers erstarrt infolge der unbeweglichen szenischen Umrahmung.
Dieser krasse Widerspruch wird durch die Kinematographie behoben, die die wirklichen Bewegungen genau wiedergibt.
Das Theater hat sich selbst zum Tode verurteilt und muß

sein Erbe dem Kino übergeben. Die den Realismus und die Kunstfertigkeit eines Tschechow und Gorki industrialisierende Kinematographie wird dem Theater der Zukunft, der freien Schauspielkunst die Wege ebnen.

1913

Die Kinematographie zerstört »das Theater«: dies ist ein Vorzeichen der Wiedergeburt der Schauspielkunst

Nachdem ich im vorangegangenen Artikel die Ansicht geäußert habe, daß der Triumph der Kinematographie absolut gesichert ist (denn dies ist die logische Folge aus der ganzen Entwicklung der modernen Kunst, die den szenischen Realismus der echten Dramatiker bis zum Äußersten getrieben hat), sehe ich mich heute vor der Notwendigkeit, eine neue mir gestellte Frage zu beantworten: Kann ich als Künstler das Erscheinen der unbeseelten Maschine dort begrüßen, wo sich noch gestern die »zitternde« Hand des Malers regte? – Meine Widersacher behaupten, die Kinematographie führe dort stereotype geschmacklose Wirkungen ein, wo wir heute in Verruf geratene Künstler allein dem Schönen dienen. Was herrscht in diesem Wirbel vor? Die Angst um das Fortleben der Kunst oder im Persönlichen begründeter Kleinmut?

Erscheinungen wie der Kinematograph, das Grammophon und die Photographie müssen als eine Anwendung der Maschine im Bereich der Kunst aufgefaßt werden, als Ersatz der nicht sehr ausgiebigen Handarbeit. Auch in jenen Zweigen der Industrie, in denen die Maschine zu

technischen Zwecken verwendet wird, und wesentlich zur Vereinfachung der Arbeitsteilung beigetragen hat, hat sie den Menschen nicht vernichtet, sondern nur die Grenzlinie gezogen zwischen dem Anreger und Organisator der Arbeit und seinem einfachen, unbeseelten Werkzeug.
Betrachten wir als Beispiel nur die Malerei! Sie entsprach nicht immer einem wirklichen Bedürfnis. – Ehe ein solches gegeben war, arbeitete der Maler für einen engen Kreis von Königen, Päpsten und Mäzenen, die sich ihr Verlangen, ein der Wirklichkeit ähnliches »Familienbild« oder ein glattes »anmutiges« Landschaftsbild zu besitzen, etwas kosten ließen. Auf diesen Gebieten ist die Malerei zu größter Schlichtheit und Vollkommenheit gelangt.
Aber als die Malerei demokratisiert und der Wunsch, solche Kunstwerke zu besitzen, allgemein wurde, entstand (zwecks Verbilligung der Kosten und Vereinfachung des Verfahrens) das Bedürfnis, die Abbildung eines wirklichen Gesichtes oder einer wirklichen Landschaft mittels einer Maschine herzustellen: dies führte zur Erfindung der Photographie. – Hat dieser Umsturz den »Untergang der Maler« herbeigeführt? – Gewiß nicht!
Die Werke eines Raffael und Velasquez sind selbst Modelle der Photographen geworden: höchste Ideale, denen man nahekommen wollte. – Hat dies den Untergang der Kunst bedeutet? – Nein!
Einige Beispiele für die Beziehungen zwischen der früheren Malerei und der Photographie: stellt man vor das Objektiv eine weite Blende, so ergibt sich große Ähnlichkeit mit Porträts von Carrière; als man zwei Porträts von David Burljuk auf die Leinwand projizierte, konnte das Publikum nicht unterscheiden, welches vom Maler Somoff herrührte und welches das Werk der »Hand« des

Photographen war. Die Leichtigkeit, mit der es gelang, die Natur nachzubilden, hat keineswegs den Wunsch nach Erschaffung des Schönen erstickt, sondern nur die Maler zur Einsicht gebracht, daß die Kunst nicht eine Kopie der Natur ist, und sie veranlaßt, die Natur je nach der Art zu »entstellen«, in der sie sich in den verschiedenen Menschenhirnen spiegelt.

Praktisches Ergebnis: Eine Unzahl bloßer »Kopisten der Natur« hat sich fruchtbareren Tätigkeiten zugewandt. – Aber die wirklichen Maler sind immer führend geblieben.

Alle diese Erkenntnisse gelten auch in bezug auf die Funktionen der Kinematographie. – Dazu erhebt sich aber noch die besondere Frage: Wenn der Maler darauf ausging, die Natur zu kopieren, hat er damit auch das Theater geschändet? – Ganz gewiß!

Betrachten wir die Theaterkunst! – Wenn Werke gegeben werden, die im Alltag spielen, so bemüht man sich, auf der Bühne Ausschnitte aus dem wirklichen, in keiner Weise verschönten Leben zu bringen. Man ahmt in allem sklavisch die Natur nach: vom leisesten Zirpen der Grille bis zu den vom Wind bewegten Vorhängen. Aber es ergeben sich sogleich tödliche Widersprüche, wenn man ein zartes Wolkengebilde durch Musselinvorhänge oder das Meer durch zerknüllte Tücher darstellt. So etwas geht noch in alten Opern, bei denen auf ein Pferd zwanzig Statisten kommen, aber wer kann (um den Schein von Wirklichkeit zu erwecken) Reihen von Wolkenkratzern oder das jähe Aufblitzen der Lichter der Automobile auf die Bühne bringen?

Zum vollständigen Scheitern verurteilt sind auch alle Versuche, das Theater dadurch zu retten, daß man Tourneen

in ferne, von der Volkszählung noch nicht erreichte Provinzen unternimmt, wie es zum Beispiel Mardjanoff mit seinem »Freien Theater« getan hat.
Hier schleicht sich ganz leise die Kinematographie ein und sagt: »Wenn eure Mission darin besteht, die Natur zu kopieren, warum setzt ihr dann den komplizierten Mechanismus des Theaters in Bewegung, wenn eine zehn Meter lange Leinwand euch den Ozean in »natürlicher« Größe und den intensiven Verkehr einer Großstadt liefern kann?«
»Aber der Mensch?«, sagt ihr empört. »Was wird aus dem Menschen und seiner Rede?«
Aber ist es das Kino gewesen, das den Menschen umgebracht hat, und nicht vielmehr das Theater, das jede Geste des Schauspielers dem Willen des Regisseurs unterordnete?
Wenn die Schauspieler hunderte Male ihre Rollen proben, nur um auf der Bühne als Menschen aus Fleisch und Blut erscheinen zu können, warum nimmt man denn nie diesen elementaren Vorgang gleich auf der Straße auf? – Und wenn man andererseits immer wieder die Schwierigkeit der Arbeit des Schauspielers betont, warum schickt man dann anstatt der wirklich begabten Künstler die minderwertigen in die Provinz, während ein paar Filmstreifen jeden Zug der hervorragenden Darstellung eines großen Schauspielers wiedergeben können? – Der wirkliche Künstler bleibt immer führend, und der Kinematograph begnügt sich damit, die minderwertigen zu verdrängen und eine ausgezeichnete Kopie des bedeutenden Künstlers zu geben. Indem er das gegenwärtige Theater zu einer einfachen, wenig kostspieligen mechanischen Darstellung umgestaltet, regt er dazu an, über die Form des Theaters

der Zukunft und über eine neue Art der Schauspielkunst nachzusinnen.
Dies ist die kulturelle Funktion des Kinematographen in der allgemeinen Geschichte der Kunst.

In der Zeitschrift »Kinegiurnal«, 1913, Nr. 14 und 16

Kino und Kino

Für euch ist das Kino eine bloße Lustbarkeit.
Für mich ist es der Inbegriff der Welt.
Das Kino ist Träger der Bewegung.
Das Kino verjüngt die Literatur.
Das Kino vernichtet das Ästhetisieren.
Das Kino ist Wagemut.
Das Kino ist Kraftentfaltung.
Das Kino dient der Verbreitung von Ideen.
Aber das Kino ist krank. Der Kapitalismus hat ihm eine Handvoll Gold in die Augen gestreut. Gerissene Unternehmer bahnen seine Wege und führen es dabei an der Hand. Sie schaufeln Geld, indem sie die Menschen mit minderwertigen, rührseligen Geschichten zum Weinen bringen.
Das muß ein Ende haben.
Der Kommunismus muß das Kino den Händen der Spekulanten entreißen. Der Futurismus muß die stillen Gewässer austrocknen: die Sümpfe und das Moralisieren.
Wenn das nicht kommt, dann bleiben uns nur die mistigen amerikanischen Importe oder die »tränenumglänzten Augen« der einheimischen Stars.

Die eine dieser Möglichkeiten verursacht uns Übelkeiten. Die andere noch mehr.

1922 in der Zeitschrift »Kinofot«

Wir arbeiten in Worten

Die Alten unterschieden Dichtkunst in Poesie und in Prosa.

Sowohl die Poesie als auch die Prosa hatte ihre eigenen Sprachgesetze. Die Poesie hatte erklügelte Metren (Jamben, Trochäen und den Mischmasch der »freien Verse«), ein besonderes »poetisches« Wörterbuch (»Renner« und nicht »Pferd«, »Jüngling« und nicht »Bursche«, und dann »Herz und Schmerz«, etc.), besondere »poetische« Themen (seinerzeit: die Liebe und die Nacht, heute: die Fakkeln und die Handwerker).

Die Prosa hatte Helden auf Stelzen (Er + Sie + der Liebhaber = die Romanschriftsteller; der Verstandesmensch + das Mädchen + der Polizeispitzel = die Naturalisten; ein Mann in grau + die Unbekannte + Christus = die Symbolisten) und einen besonderen literarischen Stil (ad 1: »Die Sonne versank hinter dem Hügel« + »Sie liebten« oder »Sie mordeten« = »Vor dem Fenster rauschten die Pappeln«; ad 2: »Laß dir das gesagt sein, Wanja!« + »Der Waisenpfleger trank scharfen Wodka« = »Wir werden noch große Zeiten erleben!«; ad 3: »Wie sonderbar, Adelaide Iwanowna!« + »Das düstere Geheimnis vertiefte sich« = »Im leuchtenden Rosengewinde«).

Sowohl die Poesie als auch die Prosa der Alten waren etwas ganz anderes als die Sprache des wirklichen Lebens, des Alltags, oder die exakte Ausdrucksweise der Wissenschaft.

Wir haben jenen alten Sprachstaub in den Wind gestreut und von dem ganzen Plunder nur die Eisenteile behalten.

Wir wollen keinen Unterschied zwischen der Poesie, der Prosa und der Sprache des wirklichen Lebens zulassen.

Unser einziger Rohstoff ist das Wort, und das bearbeiten wir mit modernen Mitteln.

Wir streben darnach, die Sprachlaute und die Polyphonie der Rhythmen zu organisieren, die Sprachstrukturen zu vereinfachen, die sprachliche Ausdruckskraft zu verschärfen, neue thematische Dokumente zu erschaffen.

All das ist für uns nicht ästhetischer Selbstzweck, sondern Laboratoriumsarbeit, um bessere Ausdrucksweisen für die Ereignisse unserer Zeit zu finden. Wir sind keine Hohepriester der Kunst, sondern Arbeiter, die einen sozialen Auftrag ausführen.

Die Arbeiten, die im »Lef« gedruckt werden, sind keine »absoluten künstlerischen Werte«, sondern bloß Proben unserer laufenden Arbeit.

Asejew: ein Versuch, mit Worten in die Zukunft zu fliegen.

Kamenski: ein Spiel mit Worten in allen ihren Klangmöglichkeiten.

Krutschonych: ein Versuch, den Lautbestand des Dialektes zur Formung antireligiöser und politischer Themen zu benützen.

Pasternak: Verwendung dynamischen Satzbaus zur Lösung revolutionärer Aufgaben.

Chlebnikow: Erzielung größter Ausdruckskraft mittels der von allen alten poetischen Wendungen befreiten Alltagssprache.

Majakowski: ein Versuch, polyphone Rhythmen in ein Gedicht mächtigen sozialen Atems einzuführen.
Brik: Versuch, ein aktuelles Thema in lakonischer Poesie zu gestalten.
Wittfogel: ein Versuch kommunistischer Propaganda ohne den üblichen revolutionären Mystizismus, wie er sich etwa bei Georg Kaiser oder Ernst Toller findet.
In der Zeitschrift »Lef«, 1923, Nr. 1

»Woran arbeiten Sie jetzt?«

Diese Frage richtet jeder Reporter an jeden Schriftsteller. Und nicht nur an die Schriftsteller. Heute wird meiner Meinung nach mehr gedruckt als die Schriftsteller schreiben. Man kann nur schwer erkennen, wo die Dichtkunst aufhört und der offizielle, für jede Gelegenheit in Reime gebrachte Bericht beginnt. Dieser gedruckte Unsinn erweckt in zwei anderen Menschen die Überzeugung, daß auch sie gut schreiben können. Und nachdem diese zwei geschrieben und publiziert haben, werden sie von vier anderen beneidet. Die Schriftsteller vermehren sich wie die Bakterien durch bloße Spaltung; zuerst ist ein Schriftsteller da, und dann sind es schon zwei. Und die unfähigen Redakteure drucken alles und kümmern sich nur um die richtige chronologische Reihenfolge. Und wenn der Reporter die Erstgekommenen ansieht, denkt er, daß auch für ihn der Augenblick kommen wird, in dem er sich gedruckt sehen wird, und ganz ungezwungen bricht er in die Frage aus: »Woran arbeiten Sie jetzt?«
Auf diese Frage hin denken die Anfänger sogleich an all

das, woran sie zunächst überhaupt nicht gedacht haben. In der Sprache der Reporter entsteht dann jener fieberhafte Rausch der Eitelkeit, den wir von den »Literarischen Chroniken« der Tageszeitungen und Zeitschriften her kennen.

»A. arbeitet an einem Roman über das Leben der Proletarier in den Fabriken am Nord- und Südpol, der den Titel tragen wird, ›Pol gegen Pol‹.«

»B. schreibt einen Zyklus von zwölf Romanen über das Leben der letzten zwölf ägyptischen Pharaonen. Die ersten sieben Bände sind bereits fertig. Zu den weiteren fünf arbeitet er jetzt das Originalmaterial durch, das sich in der Bibliothek Lunartscharski im 3. Bezirk befindet.«

»C. dichtet im Auftrag des Kulturausschusses einen Zyklus von Sonetten, die an die Kunst Púschkins gemahnen und vollständig der Verbindung von Stadt und Land gewidmet sind.«

»X., Y., Z., etc. etc. (die Leute haben überhaupt keine Phantasie) arbeiten an der Schöpfung großer epischer Fresken.«

Einfacher und schöner kann es ja gar nicht sein!

Aber von den Schriftstellern, die mich wirklich interessieren, haben die Tageszeitungen und Zeitschriften nie etwas Interessantes zu berichten.

Warum nicht? – Vielleicht deshalb nicht, weil jene beschäftigten und gelassenen Schriftsteller den Ausfragern ungefähr dasselbe sagen wie ich:

»Gehen Sie zum Teufel! … Was wollen Sie von mir? Wenn es nötig sein sollte, mache ich das mindestens ebensogut wie Sie. Ich bin nämlich auch Schriftsteller …«

In der Zeitung »Krasnaia Gazeta«, 1926, Nr. 124

Bibliographische Notiz

Dem vorliegenden Band liegt der 1959 im Arche Verlag unter gleichem Titel erschienene zugrunde. Der von dem Musikkritiker und Übersetzer Willi Reich übertragene Text »Wladimir Majakowski. Tragödie in zwei Akten« und die kleinen Schriften waren dort wohl zum ersten Mal in deutscher Sprache veröffentlicht worden. Der von Siegfried Behrsing übersetzte Aufsatz »Wie macht man Verse« erschien erstmals 1949 im Verlag Volk und Welt, Berlin (DDR). Für die Gedichte verweist die ursprüngliche Arche-Ausgabe auf den Band »Ausgewählte Gedichte und Poeme« in der Nachdichtung von Hugo Huppert, 1953 ebendort erschienen. Huppert hat seine Übertragung der Gedichte inzwischen überarbeitet. Der vorliegende Band übernimmt diese Änderungen mit freundlicher Genehmigung des Insel Verlags, Frankfurt am Main und folgt damit Band I (Gedichte) der Werke Wladimir Majakowskis, die, herausgegeben von Leonhard Kossuth, 1969 bei den Verlagen Volk und Welt, Berlin (DDR) und Insel, Frankfurt am Main, als Gemeinschaftsausgabe erschienen sind.

Russische Literatur

in der Sammlung Luchterhand

Natalja Baranskaja
Das Ende der Welt
Erzählungen von Frauen
Aus dem Russischen von
Renate Landa
SL 581

Woche um Woche
Frauen in der Sowjetunion
Erzählungen
Aus dem Russischen von
Aggy Jais und Ingrid Tinzmann
SL 268

Andrej Bitow
Das Puschkinhaus
Roman
Aus dem Russischen von
Natascha Spitz-Wdowin
und Sylvia List
SL 800

Michail Bulgakow
Arztgeschichten
Aus dem Russischen von
Thomas Reschke
SL 67

Aufzeichnungen eines Toten
Roman
Aus dem Russischen von
Thomas Reschke
SL 434
Die *Aufzeichnungen eines Toten,* 1965 in der Zeitschrift *Nowy Mir* unter dem Titel *Theaterroman* abgedruckt, gaben das Signal für die Wiederentdeckung des Autors.

Die verhängnisvollen Eier
Aus dem Russischen von
Thomas Reschke
SL 548

Wenjamin Kawerin
Vor dem Spiegel
Roman
Aus dem Russischen von
Gisela Drohla
SL 586

Jurij Trifonow
Langer Abschied
Erzählung
Aus dem Russischen von
Sylvia List
SL 647
Langer Abschied gehört zu Trifonows klassischen Erzählungen. Mit ihnen und den später erschienenen Moskauer Romanen *(Das andere Leben, Das Haus an der Moskwa, Der Alte)* wurde geprägt, was inzwischen als ›sowjetische Stadtliteratur‹ bezeichnet wird.

Widerschein des Feuers
Ein Bericht
Aus dem Russischen von
Eckhard Thiele
SL 819

Lebenszeugnisse

in der Sammlung Luchterhand

Hanns Eisler
Fragen Sie mehr über Brecht
Gespräche mit Hans Bunge
Mit einem Nachwort von Stephan Hermlin. SL 679
»›Unter den sehr klugen Leuten, denen ich im Laufe meines Lebens begegnete, war Hanns Eisler wahrscheinlich der klügste‹ schreibt Stephan Hermlin im Nachwort … Es ist eine Bibel des dialektischen Denkens, ein Manifest der phantastischen Vernunft und ein Lehrbuch der amüsierten Selbstkritik. Wär' ja nun schön, wenn man schreiben könnte, daß das, was Eisler so sagt, zum Beispiel zur Barbarei der Marxisten in ästhetischen Kategorien, gegessen, begriffen, korrigiert sei, daß man es hier mit einem interessanten Dokument vergangener Fehler zu tun habe. Schön wär's. Aber ich schwöre, daß ich künftig mit niemandem mehr über Ästhetik diskutieren werde, der dieses Buch nicht gelesen hat.«
Matthias Altenburg, Konkret

Brechts Lai-Tu
Erinnerungen und Notate von Ruth Berlau
Hg. und mit einem Nachwort von Hans Bunge. SL 698
»Dies ist keineswegs nur eine Materialsammlung für Literaturwissenschaftler, Bühnenhistoriker, Theaterleute über Brechts Mitarbeiterin und erste Theaterphotographin für seine berühmten ›Modellbücher‹, sondern dies ist vor allem das Buch einer Frau, das Buch über eine Frau, das Protokoll der Ausbeutung durch einen Kämpfer gegen die Ausbeutung – und es ist die Geschichte einer großen, also tragischen Liebe.«
Rolf Michaelis, Die Zeit

Per Olov Enquist
Strindberg
Ein Leben
Aus dem Schwedischen von Verena Reichel
SL 601
Mit seinem Gespür für dramatische Pointierungen gelingt Enquist ein Porträt Strindbergs, das dem Leser einen anregenden Einstieg in eigene Strindberg-Lektüre eröffnet.

Ernst Ginsberg
Abschied
Erinnerungen, Theateraufsätze, Gedichte. SL 756
Herausgegeben von Elisabeth Brock-Sulzer versammelt der Band Erinnerungstexte, entstanden in einer Zürcher Klinik, als Ernst Ginsberg bereits unheilbar krank war. Texte über die Kindheit, den Vater, über Antisemitismus und Emigration, über Bertolt Brecht und Else Lasker-Schüler, Aufsätze über das Theater und nicht zuletzt Gedichte.

»Denken ist Funktion der Not«

Wer die Lebensgeschichte des Philosophen Theodor Lessing erzählen will, kann von entscheidenden Jahren der deutschen Geschichte nicht schweigen. Lessing wurde 1872 in Hannover geboren, ein Jahr nach der Gründung des Deutschen Reiches. Er starb am 8. August 1933, im Exil ermordet von Anhängern der Nationalsozialisten.

Rainer Marwedel
Theodor Lessing
1872–1933
Eine Biographie.
Mit 40 Abbildungen und einer kommentierten Bibliographie.
452 Seiten. Gebunden

»Diese Biographie war seit langem überfällig! Sie gilt dem Leben und Werk des von den Nazis 1933 gemeuchelten jüdischen Philosophen, Publizisten und Hochschullehrers aus Hannover, der sich wegen seiner Berichterstattung über den Haarmann-Prozeß und mehr noch durch seine Warnung vor der Kandidatur Hindenburgs zum Reichspräsidenten bei der politischen Rechten verhaßt gemacht hatte. Marwedel ist ein gewissenhafter, um Objektivität bemühter Chronist, der viel und gerne aus Lessings Arbeiten, aber auch aus entlegenen Quellen zitiert. So entstand eine ›erzählende Biographie‹ und zugleich ein Zeitbild aus der Perspektive eines unbequemen, charakterlich schwierigen, liberalen Intellektuellen und überzeugten Republikaners.«
ekz-Informationsdienst Reutlingen

»... ein Stück Zeitgeschichte im Gewand einer Lebensgeschichte. Erkennbar wird, wie ein alltäglicher Antisemitismus in Schule und Universität ganz selbstverständlich war.«
Deutsches Allgemeines Sonntagsblatt

»... diese Biographie ist ein großer Wurf, den kein Interessierter außer Acht lassen kann.«
Süddeutsche Zeitung

Sammlung Luchterhand zur Zeit
Von der List der Kunst

Dieter Bartetzko
Verbaute Geschichte
Stadterneuerung vor der Katastrophe
SL 611

Marlis Gerhardt
Stimmen und Rhythmen
Weibliche Ästhetik und Avantgarde
SL 655
Vorraussetzung der Avantgarde ist die Revolte der Söhne gegen die Traditionen einer männlichen Kultur, der Aufstand der Söhne gegen die überlebensgroßen Vorbilder.
Das Entrée von Frauen in die Literatur geht dagegen von sehr anderen Positionen aus. Es gibt keine weibliche Tradition, die zertrümmert werden könnte, keine großen Mütter, die vom Sockel gestürzt werden müßten.

Postmoderne –
Strategien des Vergessens
Ein kritischer Bericht von Burghardt Schmidt
SL 606

Gérard Raulet
Natur und Ornament
Zur Erzeugung von Heimat
SL 649

Michael Scharang
Die List der Kunst
Essays
SL 615

Brigitte Wormbs
Raumfolgen
SL 684

Samuel Beckett
Proust
Essay
SL 820
»Dieser sehr gescheite, temperamentvolle Essay – übrigens eine der ersten monographischen Studien zum Werke von Proust – ist als Interpretation des Proustschen Werkes immer noch hilfreich und lesenswert. Und zwar vor allem wegen Becketts sehr eindringlicher Erörterung dessen, was man heute mit dem Schlagwort ›Madeleine‹ zusammenzufassen pflegt – der unwillkürlichen Erinnerung.«
Klaus Birkenhauer

Doris Krininger
Modell – Malerin – Akt
Über Suzanne Valadon und Paula Modersohn-Becker
SL 588

Vergessenes wiederentdeckt

im Luchterhand Literaturverlag

Ahnung und Aufbruch
Expressionistische Prosa
Herausgegeben von Karl Otten
584 Seiten. SL 511
Ein Standardwerk der expressionistischen Literatur in Deutschland.

Franz Pfemfert
Ich setze diese Zeitschrift wider diese Zeit
Sozialpolitische und literaturkritische Aufsätze
Hg. von Wolfgang Haug
SL 559. Originalausgabe
Von 1911 bis 1932 hat Franz Pfemfert (1879–1954) seine Zeitschrift *Die Aktion* herausgegeben, redigiert, organisiert. Von Anfang an war *Die Aktion* mehr als ein literarisch-künstlerisches Forum: Franz Pfemfert hat immer versucht, die Rebellion des Gefühls, das Unbehagen am bürgerlichen Kunstbetrieb mit den Notwendigkeiten politischer Veränderung zu verbinden. Der *Aktion* als literarischer und politischer Zeitschrift ist dieser Sammelband gewidmet.

Ludwig Rubiner
Künstler bauen Barrikaden
Texte und Manifeste
1908–1919
Hg. von Wolfgang Haug
SL 630. Originalausgabe
Ludwig Rubiner (1881–1920), einer der wichtigsten Mitstreiter des linken Expressionismus, sieht das Eintauchen des Künstlers in die Kollektivität als eine schöpferische Chance. Seine Texte und Manifeste zeigen Rubiner im Spannungsfeld der politisch-literarischen Auseinandersetzungen von Künstler und Gesellschaft.

Theodor Lessing
Ich warf eine Flaschenpost ins Eismeer der Geschichte
Essays und Feuilletons
Hg. und eingeleitet von Rainer Marwedel
SL 639. Originalausgabe
Theodor Lessings politisch-psychologische Studien, Porträts des Massenmörders Haarmann (1925) und des Generalfeldmarschalls Hindenburg (1925), machten ihn berühmt und berüchtigt, einsam. 1933 wird Lessing von den Nationalsozialisten in Marienbad ermordet. Die hier zum ersten Mal gesammelten kleinen Schriften Lessings haben ihren Biß auch heute nicht verloren, sie wenden sich gegen alle großen, der Macht verpflichteten Gesten, die alltägliches Leid vergessen machen sollen.